Impressum
Verlag: BABADADA GmbH, Nedderfeld 112 , 22529 Hamburg
Geschäftsführer / Verlagsleitung: Harald Hof
Druck: Books on Demand GmbH, In de Tarpen 42, 22848 Norderstedt

Imprint
Publisher: BABADADA GmbH, Nedderfeld 112 , 22529 Hamburg, Germany
Managing Director / Publishing direction: Harald Hof
Print: Books on Demand GmbH, In de Tarpen 42, 22848 Norderstedt, Germany

Szkoła
Šola

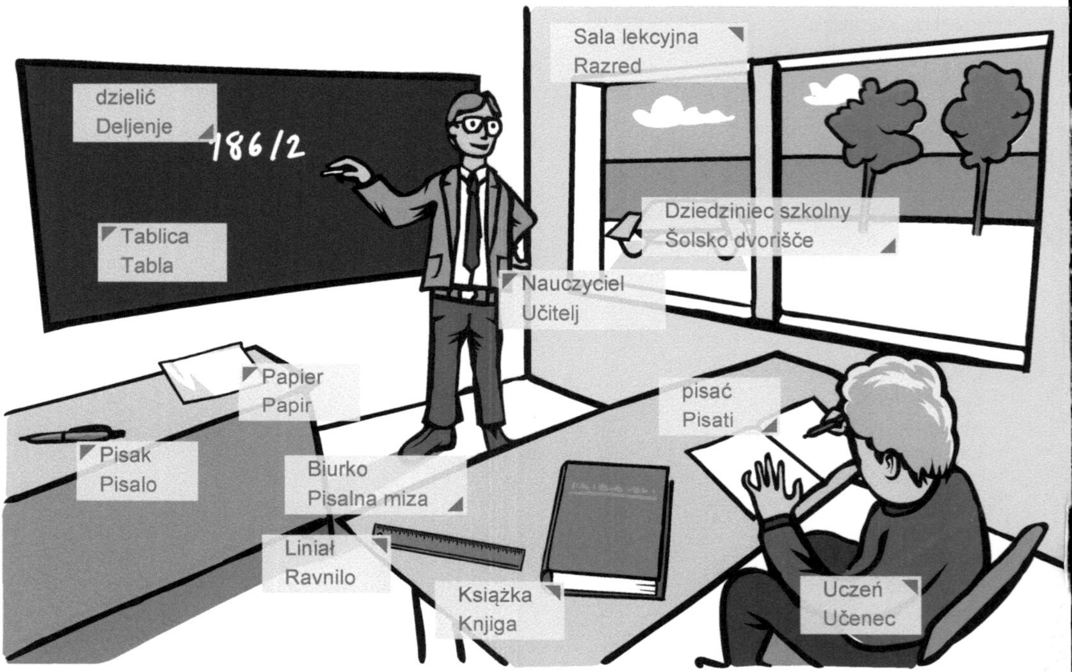

Sala lekcyjna
Razred
dzielić
Deljenje
186/2
Dziedziniec szkolny
Šolsko dvorišče
Tablica
Tabla
Nauczyciel
Učitelj
Papier
Papir
pisać
Pisati
Pisak
Pisalo
Biurko
Pisalna miza
Liniał
Ravnilo
Książka
Knjiga
Uczeń
Učenec

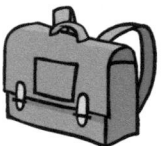

Plecak szkolny

Šolska torba

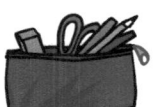

Piórnik

Peresnica

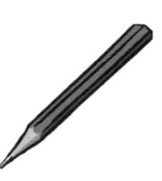

Ołówek

Svinčnik

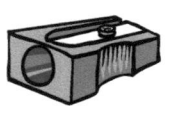

Temperówka

Šilček

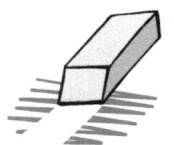

Gumka do mazania

Radirka

Blok rysunkowy

Risalni blok

Rysunek

Risba

Pędzel

Čopič

Pudełko z akwarelami

Vodene barvice

Nożyce

Škarje

Klej

Lepilo

Książka do ćwiczenia

Zvezek

Zadanie domowe

Domača naloga

Liczba

Število

dodawać

Seštevanje

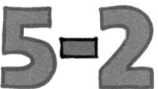

odejmować

Odštevanje

mnożyć

Množenje

liczyć

Računanje

Litera

Črka

Alfabet

Abeceda

Słowo

Beseda

Tekst

Besedilo

czytać

Brati

Kreda

Kreda

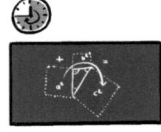

Godzina

Učna ura

Dziennik lekcyjny

Redovalnica

Egzamin

Preizkus znanja

Świadectwo

Spričevalo

Mundurek szkolny

Šolska uniforma

Wykształcenie

Izobrazba

Leksykon

Enciklopedija

Uniwersytet

Univerza

Mikroskop

Mikroskop

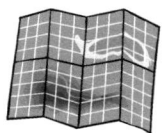

Mapa

Zemljevid

Kosz na odpadki

Koš za smeti

Podróż
Potovanje

Hotel
Hotel
Grand
Schronisko
Hostel
ROOMS
Kantor wymiany walut
Menjalnica
CHANGE
Walizka
Kovček
Auto
Avtomobil

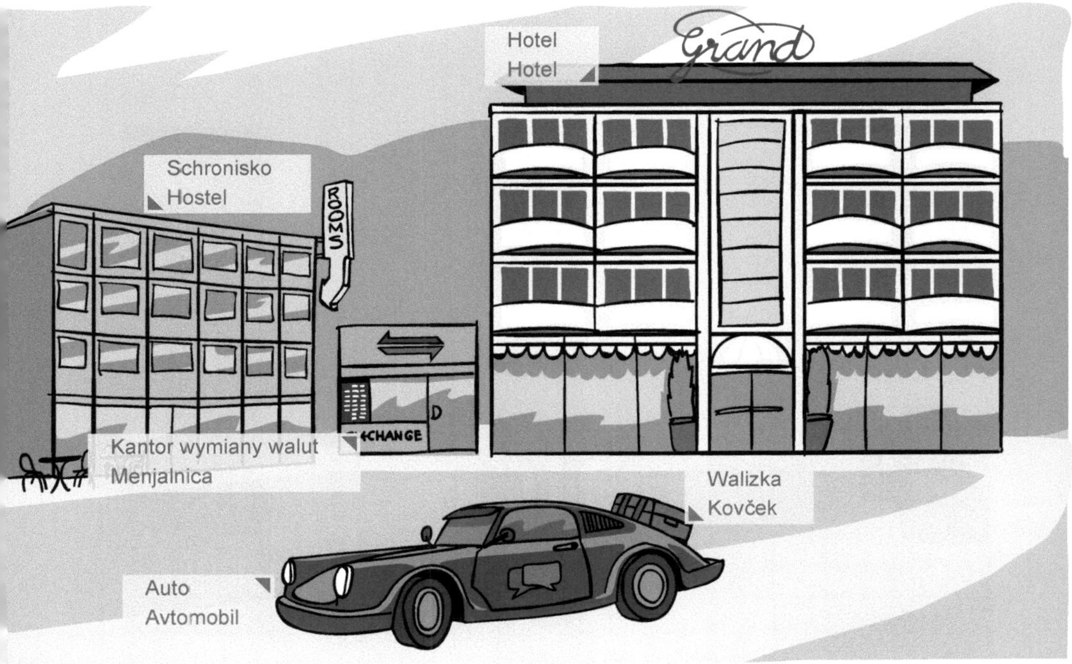

Język
Jezik

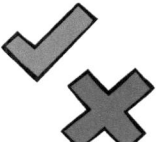

tak / nie
da / ne

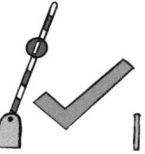

OK
Prav

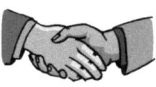

Halo
Pozdravljeni

Tłumacz
Prevajalec

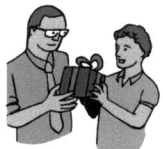

Dziękuję
Hvala

Ile kosztuje …?

Koliko stane…?

Nie rozumiem

Ne razumem

Problem

Težava

Dobry wieczór!

Dober večer!

Dzień dobry!

Dobro jutro!

Dobranoc!

Lahko noč!

Do widzenia

Nasvidenje

Kierunek

Smer

Bagaż

Prtljaga

Torba

Torba

Plecak

Nahrbtnik

Gość

Gost

Pokój

Soba

Śpiwór

Spalna vreča

Namiot

Šotor

Informacja turystyczna

Turistične informacije

Plaża

Plaža

Karta kredytowa

Kreditna kartica

Śniadanie

Zajtrk

Obiad

Kosilo

Kolacja

Večerja

Bilet

Vozovnica

Winda

Dvigalo

Znaczek na list

Znamka

Granica

Meja

Cło

Carina

Ambasada

Veleposlaništvo

Wiza

Vizum

Paszport

Potni list

Transport
Prevoz

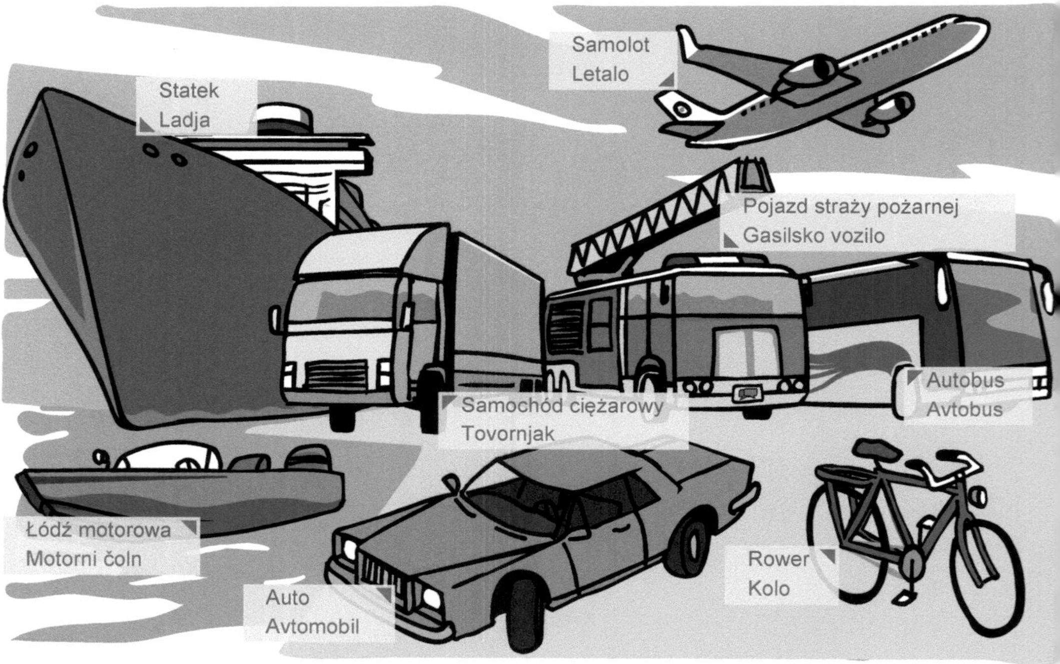

Samolot
Letalo
Statek
Ladja
Pojazd straży pożarnej
Gasilsko vozilo
Autobus
Avtobus
Samochód ciężarowy
Tovornjak
Łódź motorowa
Motorni čoln
Rower
Kolo
Auto
Avtomobil

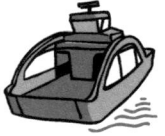

Prom
Trajekt

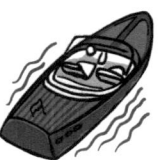

Łódź
Čoln

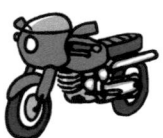

Motocykl
Motorno kolo

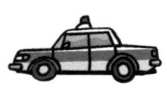

Radiowóz policyjny
Policijski avto

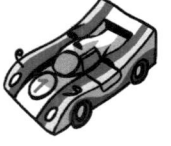

Samochód wyścigowy
Dirkalni avto

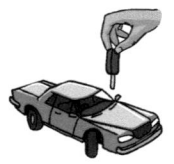

Samochód wypożyczony
Najeto vozilo

Wspólne przejazdy
samochodem
Souporaba avtomobila

Samochód pomocy
drogowej
Avtovleka

Śmieciarka

Smetarsko vozilo

Silnik

Motor

Benzyna

Gorivo

Stacja benzynowa

Bencinska postaja

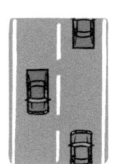

Znak drogowy

Prometni znak

Ruch

Promet

Korek

Zastoj

Parking

Parkirišče

Dworzec

Železniška postaja

Szyny

Tirnice

Pociąg

Vlak

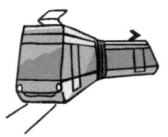

Tramwaj

Tramvaj

Wagon

Vagon

Helikopter

Helikopter

Lotnisko

Letališče

Wieża

Stolp

Pasażer

Potnik

Kontener

Kontejner

Karton

Karton

Taczka

Voziček

Kosz

Košara

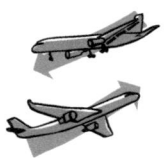

startować / lądować

vzleteti / pristati

Miasto
Mesto

Wieś

Vas

Centrum miasta

Mestno jedro

Dom

Hiša

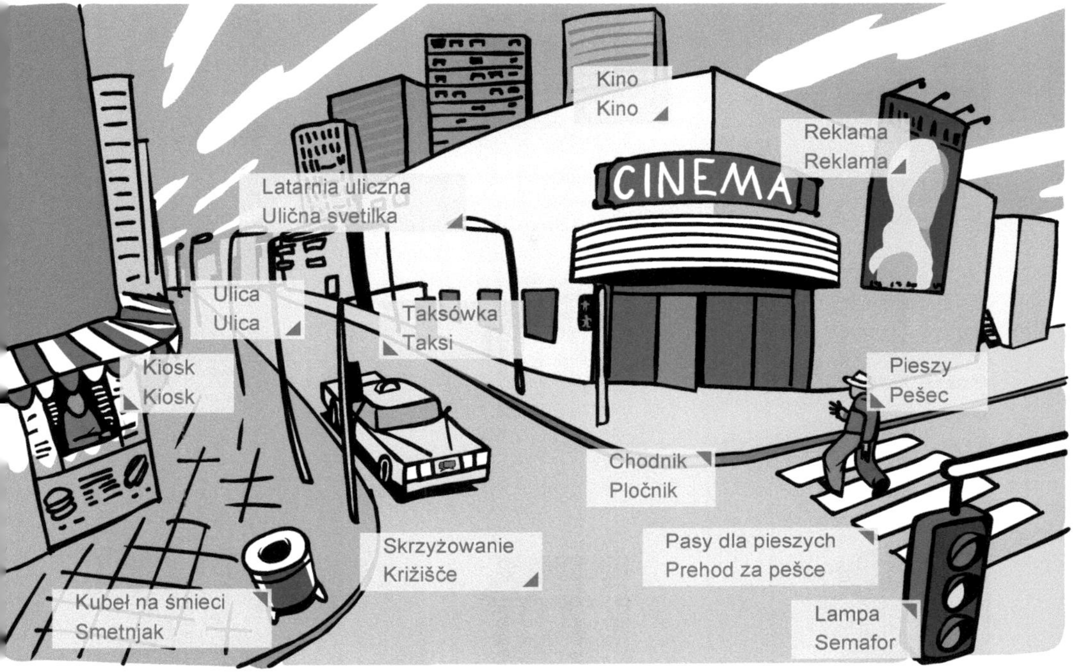

Kino
Kino

Reklama
Reklama

Latarnia uliczna
Uliczna svetilka

CINEMA

Ulica
Ulica

Taksówka
Taksi

Pieszy
Pešec

Kiosk
Kiosk

Chodnik
Pločnik

Skrzyżowanie
Križišče

Pasy dla pieszych
Prehod za pešce

Kubeł na śmieci
Smetnjak

Lampa
Semafor

Chata
Koča

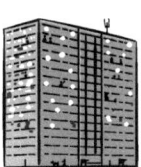

Mieszkanie
Stanovanje

Dworzec
Železniška postaja

Ratusz
Mestna hiša

Muzeum
Muzej

Szkoła
Šola

Uniwersytet

Univerza

Bank

Banka

Szpital

Bolnišnica

Hotel

Hotel

Apteka

Lekarna

Biuro

Pisarna

Księgarnia

Knjigarna

Sklep

Trgovina

Kwiaciarnia

Cvetličarna

Supermarket

Supermarket

Rynek

Tržnica

Dom towarowy

Veleblagovnica

Sklep z rybami

Ribarnica

Centrum handlowe

Nakupovalno središče

Port

Pristanišče

Park
Park

Ławka
Klop

Most
Most

Schody
Stopnice

Metro
Podzemna železnica

Tunel
Predor

Przystanek autobusowy
Avtobusno postajališče

Bar
Bar

Restauracja
Restavracija

Skrzynka na listy
Poštni nabiralnik

Tabliczka z nazwą ulicy
Ulična tabla

Parkometr
Parkirna ura

Zoo
Živalski vrt

Łaźnia
Kopališče

Meczet
Mošeja

Gospodarstwo chłopskie

Kmetija

Zanieczyszczenie
środowiska
Onesnaževanje

Cmentarz

Pokopališče

Kościół

Cerkev

Plac zabaw

Otroško igrišče

Świątynia

Tempelj

Krajobraz
Pokrajina

Liść
List

Drogowskaz
Kažipot

Droga
Pot

Łąka
Travnik

Kamień
Kamen

Wędrowiec
Pohodnik

Drzewo
Drevo

Rzeka
Reka

Trawa
Trava

Kwiat
Cvetlica

Dolina
Dolina

Góra
Hrib

Jezioro
Jezero

Las
Gozd

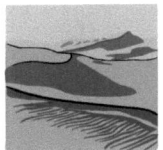

Pustynia
Puščava

Wulkan
Vulkan

Zamek
Grad

Tęcza
Mavrica

Grzyb
Goba

Palma
Palma

Komar
Komar

Mucha
Muha

Mrówka
Mravlja

Pszczoła
Čebela

Pająk
Pajek

Chrząszcz

Hrošč

Żaba

Żaba

Wiewiórka

Veverica

Jeż

Jež

Zając

Zajec

Sowa

Sova

Ptak

Ptič

Łabędź

Labod

Dzik

Divji prašič

Jeleń

Jelen

Łoś

Los

Tama

Jez

Wiatrak

Vetrnica

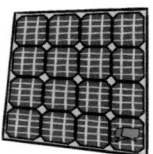

Moduł solarny

Solarna plošča

Klimat

Podnebje

Restauracja
Restavracija

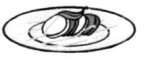

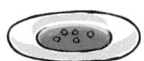

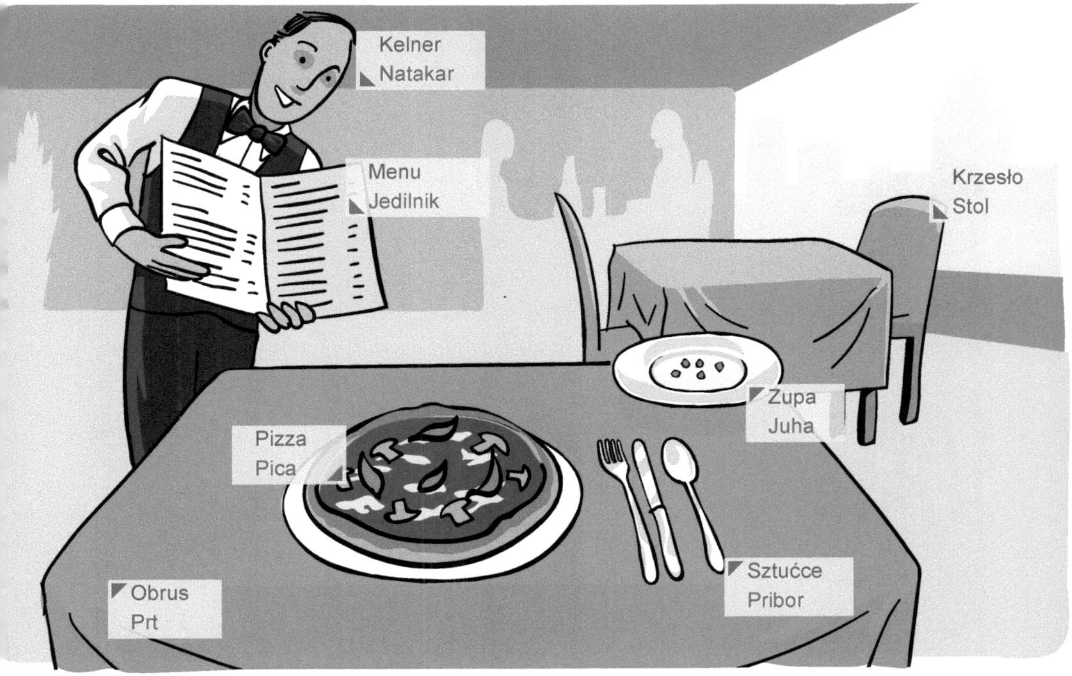
Kelner
Natakar
Menu
Jedilnik
Krzesło
Stol
Zupa
Juha
Pizza
Pica
Sztućce
Pribor
Obrus
Prt

Przystawka

Predjed

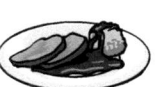

Danie główne

Glavna jed

Deser

Sladica

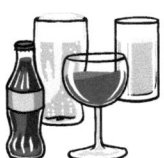

Napoje

Pijače

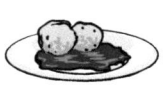

Jedzenie

Hrana

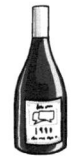

Butelka

Steklenica

Fastfood

Hitra hrana

Streetfood

Ulična hrana

Dzbanek na herbatę

Čajnik

Cukierniczka

Sladkornica

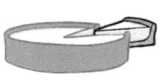

Porcja

Porcija

Zaparzarka do espresso

Aparat za espresso

Krzesło dla dziecka

Stolček za hranjenje

Rachunek

Račun

Taca

Pladenj

Noż

Nož

Widelec

Vilica

Łyżka

Žlica

Łyżeczka

Čajna žlička

Serwetka

Servieta

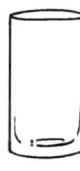

Szklanka

Kozarec

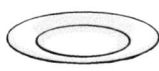

Talerz

Krožnik

Talerz do zupy

Globoki krožnik

Podstawek pod filiżankę

Krožniček

Sos

Omaka

Solniczka

Solnica

Młynek do pieprzu

Mlinček za poper

Ocet

Kis

Olej

Olje

Przyprawy

Začimbe

Keczup

Kečap

Musztarda

Gorčica

Majonez

Majoneza

Supermarket
Supermarket

Oferta
Posebna ponudba
FOR
Klient
Stranka
Produkty mleczne
Mlečni izdelki
Owoce
Sadje
Wózek sklepowy
Nakupovalni voziček

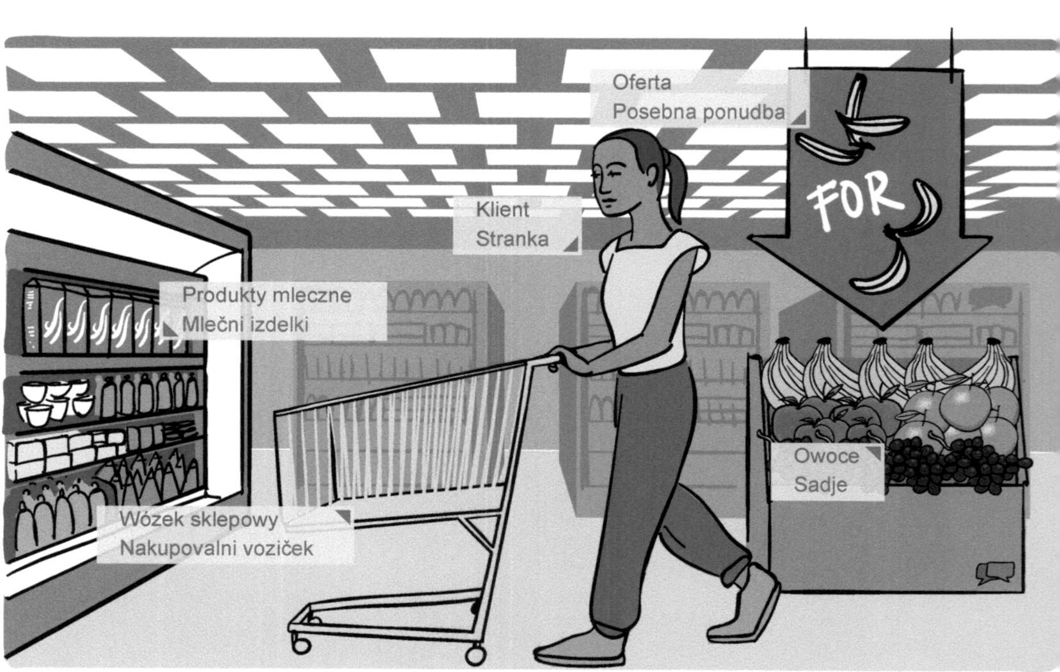

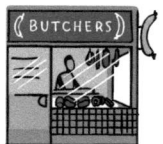

BUTCHERS

Rzeźnia

Mesnica

BAKERY

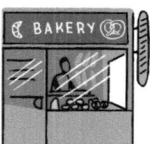

Piekarnia

Pekarna

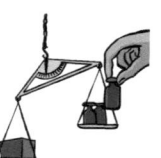

ważyć

Tehtati

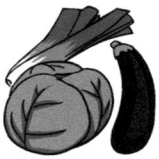

Warzywa

Zelenjava

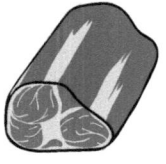

Mięso

Meso

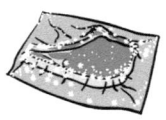

Mrożonki

Zamrznjena hrana

Wędliny

Hladne mesnine

Konserwy

Konzerve

Proszek m do prania

Pralni prašek

Słodycze

Sladkarije

Artykuły użytku domowego

Gospodinjski izdelki

Środek czyszczący

Čistilno sredstvo

Sprzedawczyni

Prodajalka

Kasa

Blagajna

Kasjer

Blagajnik

Lista zakupów

Nakupovalni seznam

Godziny otwarcia

Delovni čas

Portfel

Denarnica

Karta kredytowa

Kreditna kartica

Torba

Torba

Torebka plastikowa

Plastična vrečka

Woda
Voda

Sok
Sok

Mleko
Mleko

Cola
Kola

Wino
Vino

Piwo
Pivo

Alkohol
Alkohol

Kakao
Kakav

Herbata
Čaj

Kawa
Kava

Espresso
Espresso

Cappuccino
Kapučino

Banan

Banana

Jabłko

Jabolko

Pomarańcza

Pomaranča

Arbuz

Lubenica

Cytryna

Limona

Marchew

Korenje

Czosnek

Česen

Bambus

Bambus

Cebula

Čebula

Grzyb

Goba

Orzechy

Oreščki

Makaron

Rezanci

Spaghetti

Špageti

Ryż

Riž

Sałatka

Solata

Frytki

Ocvrt krompirček

Ziemniaki pieczone

Pečen krompir

Pizza

Pica

Hamburger

Hamburger

Kanapka

Sendvič

Sznycel

Zrezek

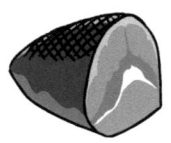

Szynka

Šunka

Salami

Salama

Kiełbasa

Klobasa

Kura

Piščanec

Pieczeń

Pečenka

Ryba

Riba

Płatki owsiane

Ovseni kosmiči

Musli

Musli

Płatki kukurydziane

Koruzni kosmiči

Mąka

Moka

Croissant

Rogljiček

Bułka

Žemlja

Chleb

Kruh

Toast

Prepečenec

Ciastka

Piškoti

Masło

Maslo

Twarożek

Skuta

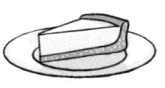

Ciasto

Torta

Jajko

Jajce

Jajko sadzone

Pečeno jajce na oko

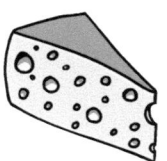

Ser

Sir

Lody

Sladoled

Cukier

Sladkor

Miód

Med

Marmolada

Marmelada

Krem nugatowy

Čokoladni namaz

Curry

Kari

Gospodarstwo chłopskie
Kmetija

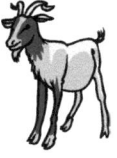

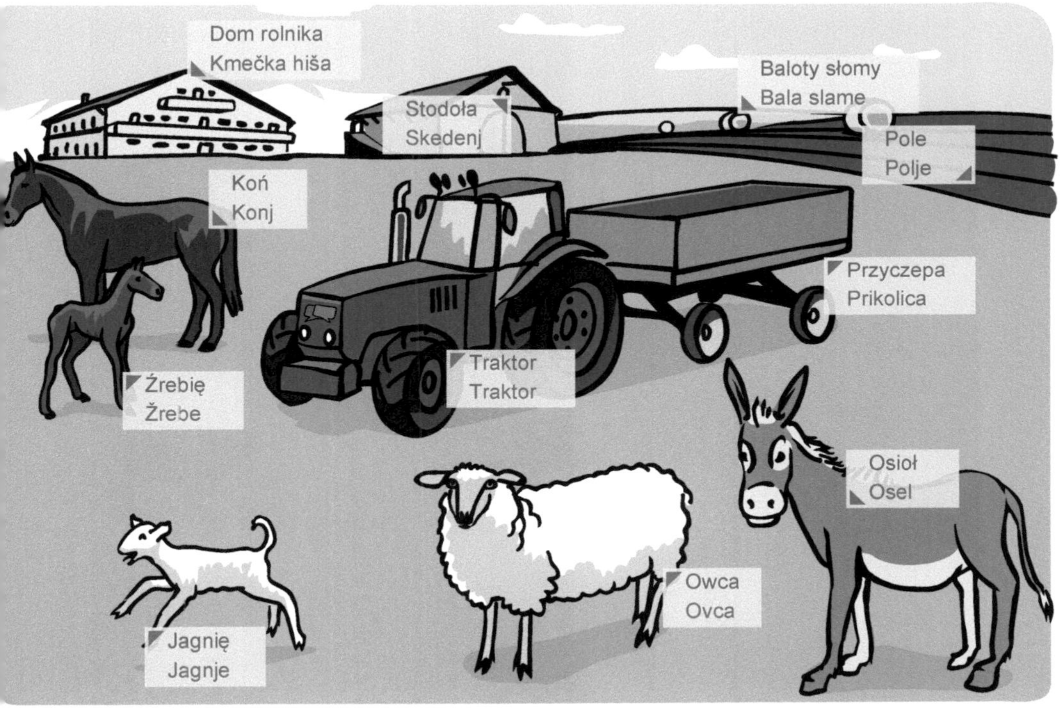
Dom rolnika
Kmečka hiša
Stodoła
Skedenj
Baloty słomy
Bala slame
Pole
Polje
Koń
Konj
Przyczepa
Prikolica
Traktor
Traktor
Źrebię
Žrebe
Osioł
Osel
Owca
Ovca
Jagnię
Jagnje

Koza

Koza

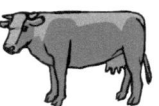

Krowa

Krava

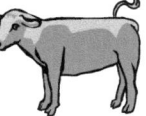

Cielę

Tele

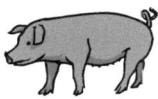

Świnia

Prašič

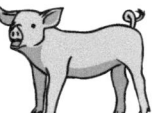

Prosię

Pujsek

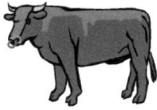

Byk

Bik

Gęś

Gos

Kaczka

Raca

Kurczątko

Piščanec

Kura

Kokoš

Kogut

Petelin

Szczur

Podgana

Kot

Mačka

Mysz

Miš

Osioł

Vol

Pies

Pes

Buda dla psa

Pasja uta

Wąż ogrodowy

Cev za zalivanje

Konewka

Kangla za zalivanje

Kosa

Kosa

Pług

Plug

Sierp
Srp

Graca
Motika

Widły
Vile

Siekiera
Sekira

Taczka
Samokolnica

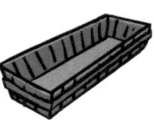

Koryto
Korito

Kanka na mleko
Kangla za mleko

Worek
Vreča

Płot
Ograja

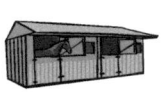

Stajnia
Hlev

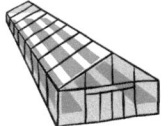

Szklarnia
Rastlinjak

Ziemia
Prst

Nasiona
Seme

Nawóz
Gnojilo

Kombajn zbożowy
Kombajn

zbierać

Žeti

Žniwa

Žetev

Podchrzyn

Jam

Pszenica

Pšenica

Soja

Soja

Ziemniak

Krompir

Kukurydza

Koruza

Rzepak

Oljna ogrščica

Drzewo owocowe

Sadno drevo

Maniok

Maniok

Zboże

Žito

Dom
Hiša

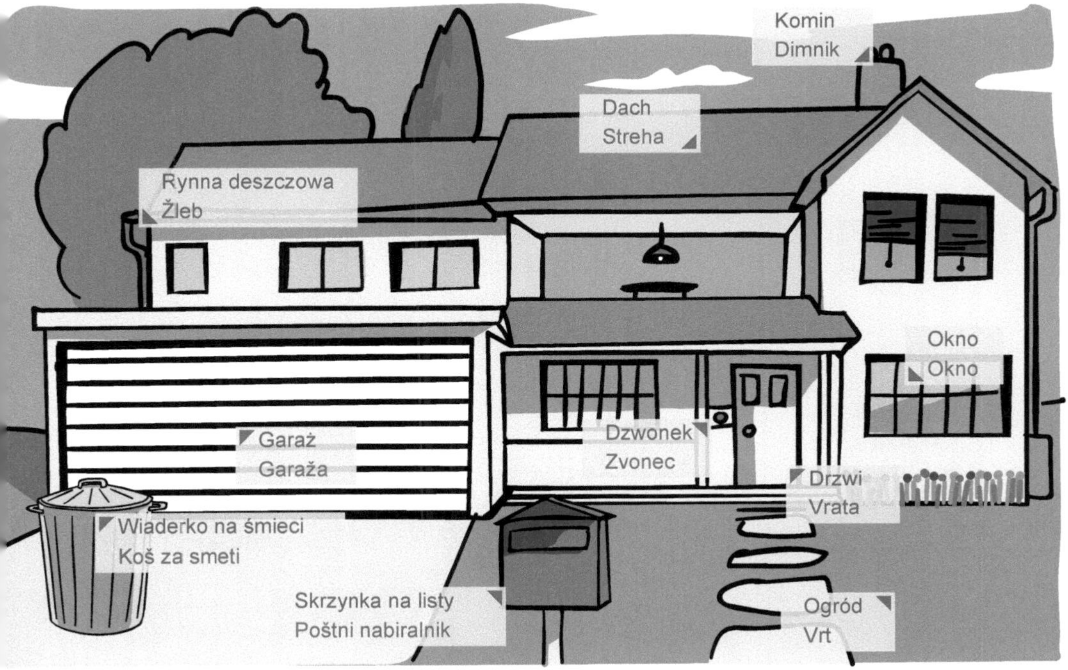

Komin
Dimnik
Dach
Streha
Rynna deszczowa
Žleb
Okno
Okno
Garaż
Garaža
Dzwonek
Zvonec
Drzwi
Vrata
Wiaderko na śmieci
Koš za smeti
Skrzynka na listy
Poštni nabiralnik
Ogród
Vrt

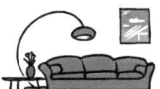

Pokój dzienny

Dnevna soba

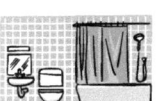

Łazienka

Kopalnica

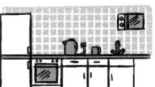

Kuchnia

Kuhinja

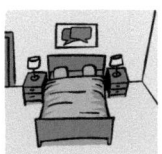

Sypialnia

Spalnica

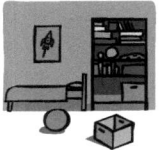

Pokój dziecięcy

Otroška soba

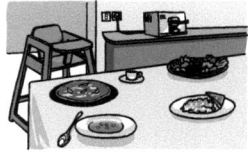

Jadalnia

Jedilnica

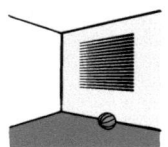

Ziemia

Tla

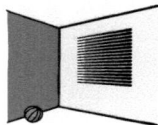

Ściana

Stena

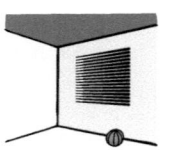

Koc

Strop

Piwnica

Klet

Sauna

Savna

Balkon

Balkon

Taras

Terasa

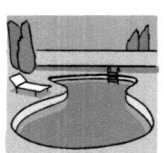

Basen

Bazen

Kosiarka do trawy

Kosilnica

Poszwa

Rjuha

Kołdra

Posteljno pregrinjalo

Łóżko

Postelja

Miotła

Metla

Wiadro

Vedro

Włącznik

Stikalo

Pokój dzienny
Dnevna soba

Tapeta
Tapeta
Obraz
Slika
Lampa
Svetilka
Regał
Polica
Szafa
Omara
Telewizor
Televizor
Komin
Kamin
Kwiat
Cvetlica
Poduszka
Blazina
Kanapa
Zofa
Wazon
Vaza
Pilot
Daljinski upravljalnik

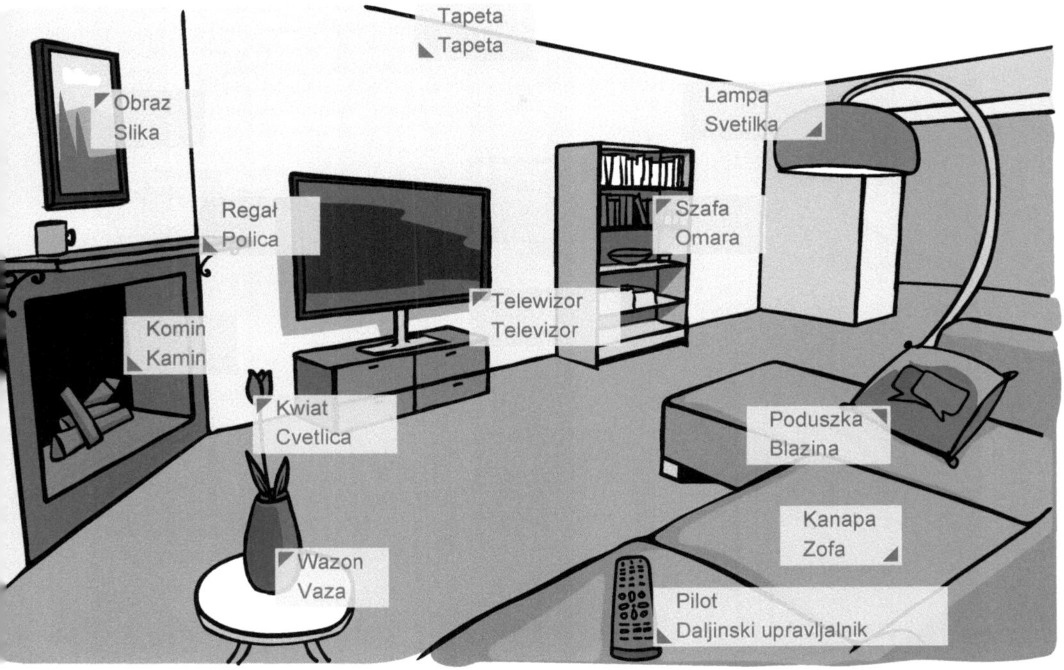

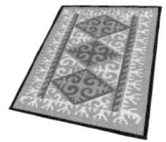

Dywan

Preproga

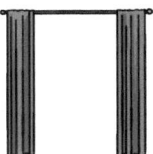

Zasłona

Zavesa

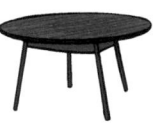

Stół

Miza

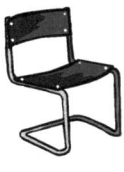

Krzesło

Stol

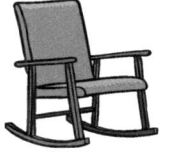

Bujak

Gugalnik

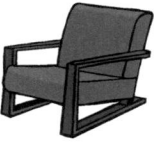

Fotel

Naslanjač

Książka

Knjiga

Sufit

Odeja

Dekoracja

Dekoracija

Drewno kominkowe

Drva

Film

Film

Instalacja stereo

Glasbeni stolp

Klucz

Ključ

Gazeta

Časopis

Malunek

Slika

Plakat

Plakat

Radio

Radio

Notatnik

Beležka

Odkurzacz

Sesalnik

Kaktus

Kaktus

Świeczka

Sveča

Kuchnia
Kuhinja

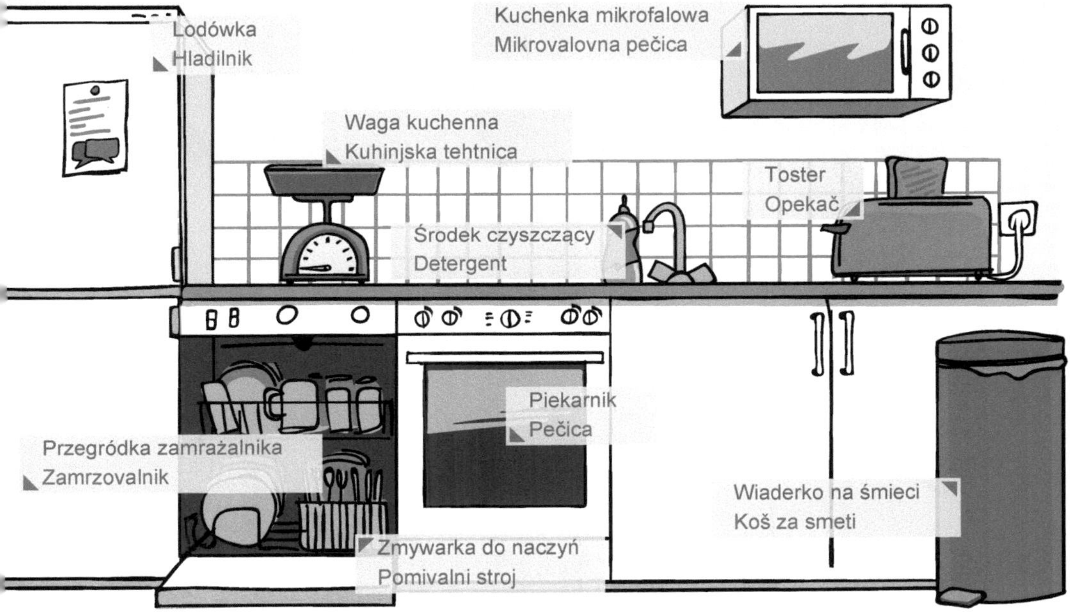
Lodówka
Hladilnik
Kuchenka mikrofalowa
Mikrovalovna pečica
Waga kuchenna
Kuhinjska tehtnica
Toster
Opekač
Środek czyszczący
Detergent
Piekarnik
Pečica
Przegródka zamrażalnika
Zamrzovalnik
Wiaderko na śmieci
Koš za smeti
Zmywarka do naczyń
Pomivalni stroj

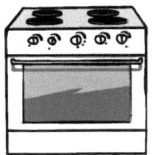

Kuchenka

Kozica

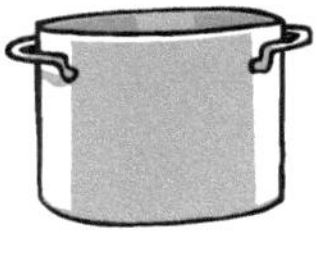

Garnek

Lonec

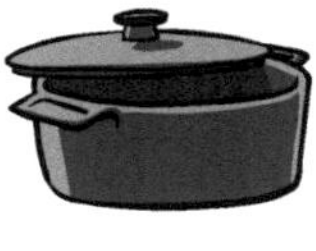

Kocioł żeliwny

Litoželezni lonec

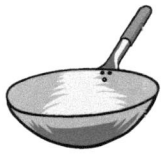

Wok / Kadai

Vok / kadai

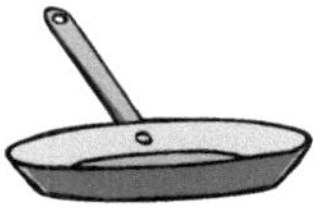

Patelnia

Ponev

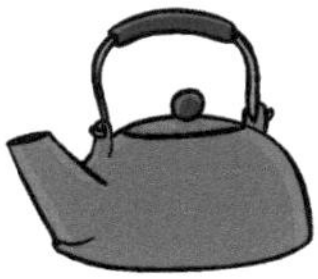

Czajnik

Kotliček

Parowar

Parni kuhalnik

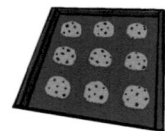

Blacha do pieczenia

Pekač

Naczynia kuchenne

Posoda

Kubek

Skodelica

Miska

Skleda

Pałeczki

Jedilne paličice

Nabierka

Zajemalka

Łopatka do smażenia

Lopatica

Trzepaczka do śmietany

Metlica

Cedzak

Cedilnik

Sitko

Cedilo

Tarka

Strgalo

Moździerz

Možnar

Grillowanie

Žar

Palenisko

Ognjišče

Deska

Deska za rezanje

Wałek do ciasta

Valjar

Korkociąg

Odpirač za steklenice

Puszka

Pločevinka

Otwieracz do puszek

Odpirač za konzerve

Ściereczka do trzymania garnka

Prijemalka za posodo

Umywalka

Korito

Szczotka

Ščetka

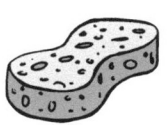

Gąbka

Goba

Mikser

Mešalnik

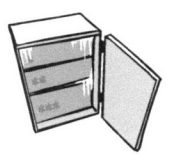

Zamrażarka

Zamrzovalna skrinja

Butelka dla niemowlęcia

Steklenička

Kran

Pipa

Łazienka

Kopalnica

Ogrzewanie
Ogrevanje
Ręcznik
Brisača
Prysznic
Prha
Kotara prysznicowa
Zavesa za prho
Płyn do kąpieli
Peneča kopel
Wanna kąpielowa
Kopalna kad
Szklanka
Kozarec
Pralka
Pralni stroj
Kran
Pipa
Kafelki
Ploščice
Nocnik
Kahlica
Umywalka
Korito

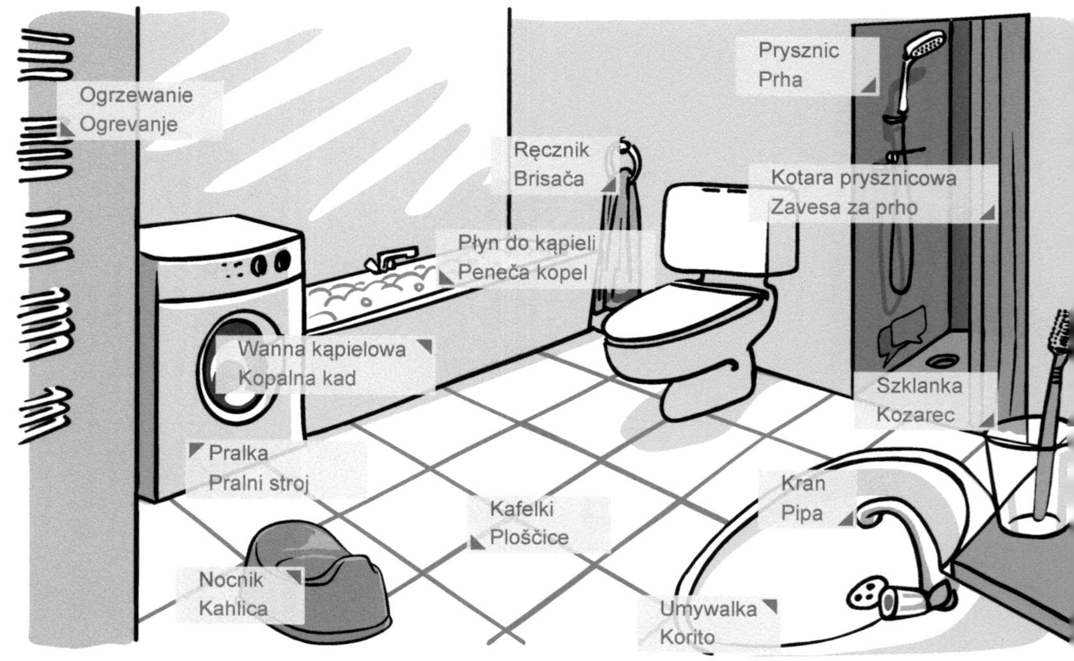

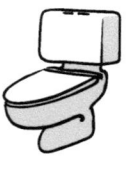

Toaleta

Stranišče

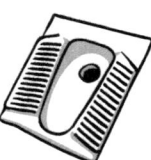

Toaleta kuczna

Stranišče na počep

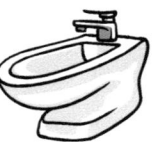

Bidet

Bide

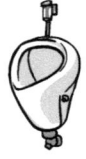

Pisuar

Pisoar

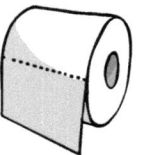

Papier toaletowy

Toaletni papir

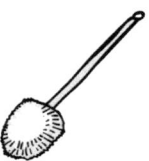

Szczotka toaletowa

Ščetka za straniščno školjko

Szczoteczka do zębów

Zobna ščetka

Pasta do zębów

Zobna pasta

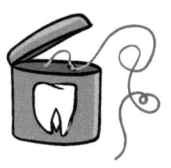

Nitki do czyszczenia zębów

Zobna nitka

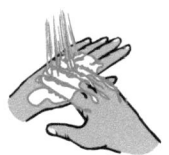

myć

Umiti se

Głowica prysznicowa

Ročna prha

Płyn kąpielowy do higieny intymnej

Prha za intimne dele

Miska do mycia

Umivalnik

Szczotka kąpielowa

Krtača za hrbet

Mydło

Milo

Żel prysznicowy

Gel za prhanje

Szampon

Šampon

Rękawica kąpielowa

Krpica za miljenje

Odpływ

Odtok

Krem

Krema

Dezodorant

Deodorant

Lustro

Ogledalo

Lustro kosmetyczne

Ročno ogledalo

Golarka

Britvica

Pianka do golenia

Pena za britje

Woda po goleniu

Vodica po britju

Grzebień

Glavnik

Szczotka

Ščetka

Suszarka do włosów

Sušilnik za lase

Spray do włosów

Lak za lase

Makijaż

Ličila

Pomadka

Šminka

Lakier do paznokci

Lak za nohte

Wata

Vatirane blazinice

Nożyczki do paznokci

Škarjice za nohte

Perfum

Parfum

Kosmetyczka

Toaletna torbica

Taboret

Stol brez naslonjala

Waga

Osebna tehtnica

Szlafrok kąpielowy

Kopalni plašč

Rękawice gumowe

Gumijaste rokavice

Tampon

Tampon

Podpaska damska

Damski vložki

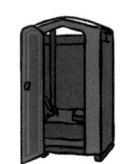

Toaleta chemiczna

Kemično stranišče

Pokój dziecięcy

Otroška soba

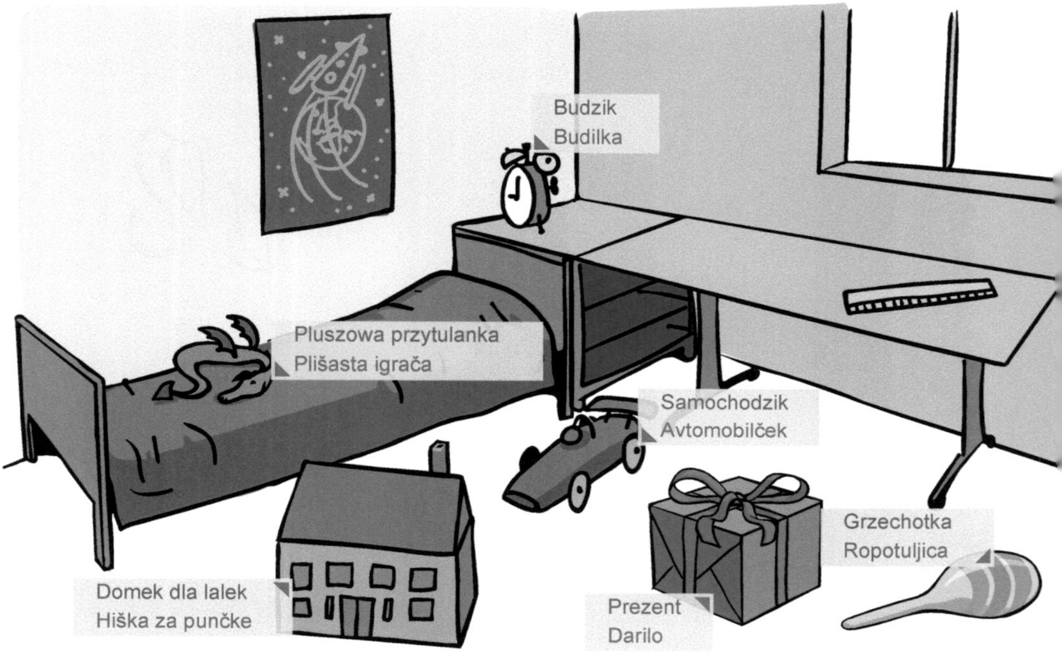

Budzik
Budilka
Pluszowa przytulanka
Plišasta igrača
Samochodzik
Avtomobilček
Grzechotka
Ropotuljica
Domek dla lalek
Hiška za punčke
Prezent
Darilo

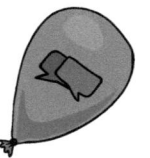

Balon

Balon

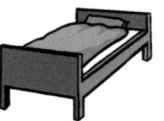

Łóżko

Postelja

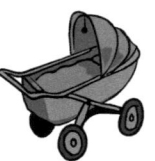

Wózek dziecięcy

Otroški voziček

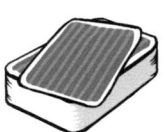

Gra w karty

Igralne karte

Puzzle

Sestavljanka

SUPER
MEGA

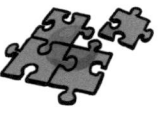

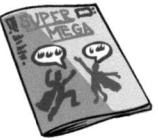

Komiks

Strip

Klocki lego

Lego kocke

Klocki

Igralne kocke

Action figura

Akcijska figura

Śpioszek dziecięcy

Bodi

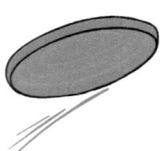

Frisbee

Frizbi

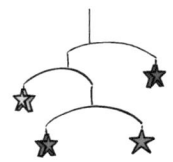

Zabawki ruchome

Vrtiljak za posteljico

Gra planszowa

Namizna igra

Kości

Kocka

Kolejka elektryczna

Komplet modelov vlakov

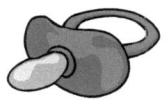

Smoczek

Duda

Przyjęcie

Zabava

Książka z ilustracjami

Slikanica

Piłka

Žoga

Lalka

Lutka

bawić się

Igrati se

Piaskownica

Peskovnik

Huśtawka

Gugalnica

Zabawki

Igrače

Konsola do gier

Igralna konzola

Rowerek trójkołowy

Tricikel

Pluszowy miś

Plišasti medvedek

Szafa ubraniowa

Garderoba

Ubiór
Oblačilo

Skarpety

Nogavice

Pończochy

Samostoječe nogavice

Rajstopy

Hlačne nogavice

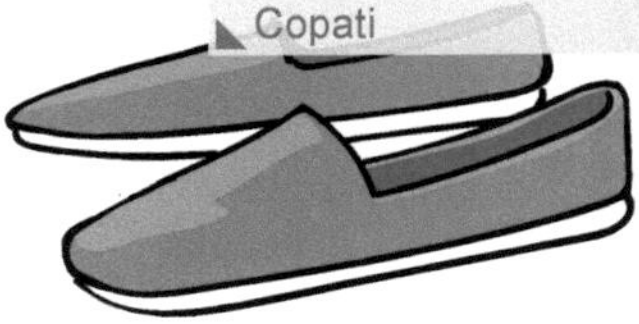

Szal
Šal

Parasol
Dežnik

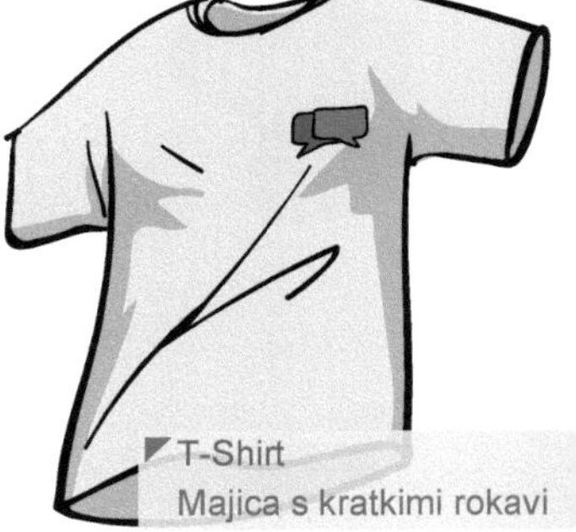

Pasek
Pas

T-Shirt
Majica s kratkimi rokavi

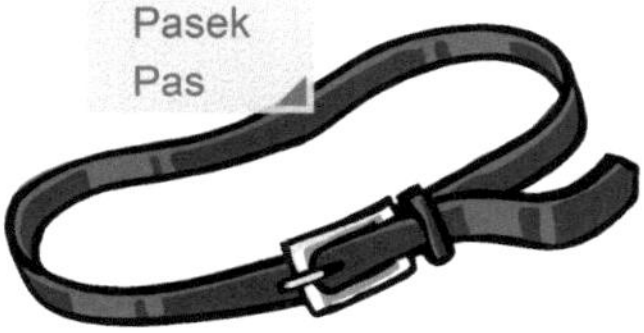

Kozaki
Škornji

Pantofle domowe
Copati

Obuwie sportowe
Športni copati

Sandały
Sandali

Buty
Čevlji

Kalosze
Gumijasti škornji

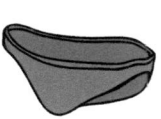

Majtki
Spodnje hlače

Biustonosz
Modrček

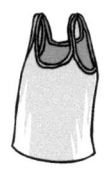

Podkoszulek
Telovnik

Body

Bodi

Spodnie

Hlače

Dżins

Kavbojke

Spódnica

Krilo

Bluzka

Bluza

Koszula

Srajca

Pulower

Pulover

Bluza sportowa

Pletena jopica

Marynarka

Jopa

Kurtka

Jakna

Płaszcz

Plašč

Płaszcz przeciwdeszczowy

Dežni plašč

Kostium

Kostim

Sukienka

Obleka

Suknia ślubna

Poročna obleka

Garnitur męski

Obleka

Koszula nocna

Spalna srajca

Piżama

Piżama

Sari

Sari

Chusta na głowę

Naglavna ruta

Turban

Turban

Burka

Burka

Kaftan

Kaftan

Abaya

Abaja

Strój kąpielowy

Kopalke

Kąpielówki

Kopalne hlače

Krótkie spodnie

Kratke hlače

Dres sportowy

Trenirka

Fartuch

Predpasnik

Rękawiczki

Rokavice

Guzik

Gumb

Okulary

Očala

Bransoletka

Zapestnica

Łańcuszek

Verižica

Pierścionek

Prstan

Kolczyk

Uhan

Czapka

Kapa

Wieszak

Obešalnik

Kapelusz

Klobuk

Krawat

Kravata

Zamek błyskawiczny

Zadrga

Kask

Čelada

Szelki

Naramnice

Mundurek szkolny

Šolska uniforma

Mundur

Uniforma

Śliniaczek

Slinček

Smoczek

Duda

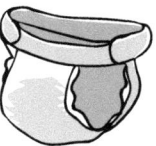

Pieluszka

Plenica

Biuro
Pisarna

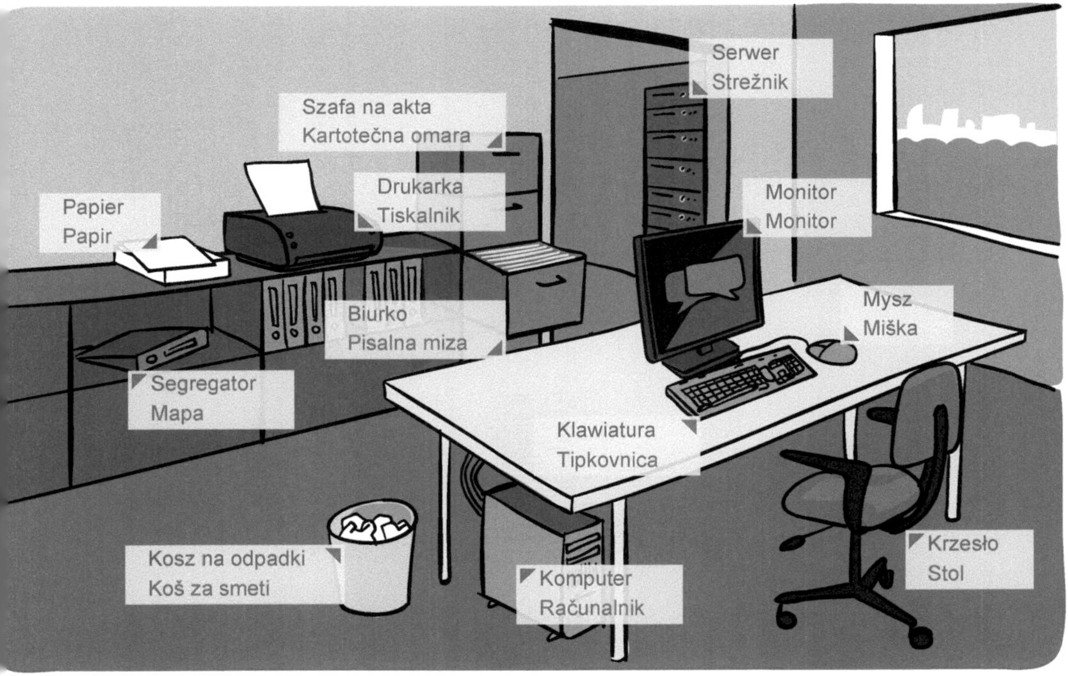

Serwer
Strežnik

Szafa na akta
Kartotečna omara

Drukarka
Tiskalnik

Monitor
Monitor

Papier
Papir

Biurko
Pisalna miza

Mysz
Miška

Segregator
Mapa

Klawiatura
Tipkovnica

Kosz na odpadki
Koš za smeti

Komputer
Računalnik

Krzesło
Stol

Filiżanka do kawy

Lonček za kavo

Kalkulator

Kalkulator

Internet

Internet

Laptop

Prenosnik

List

Pismo

Wiadomość

Sporočilo

Komórka

Mobilnik

Sieć

Omrežje

Kopiarka

Kopirni stroj

Oprogramowanie

Programska oprema

Telefon

Telefon

Gniazdko

Vtičnica

Faks

Telefaks

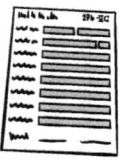

Formularz

Obrazec

Dokument

Dokument

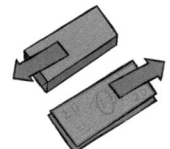

kupić

Kupiti

płacić

Plačati

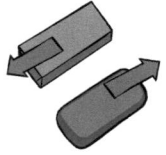

postępować

Trgovati

Pieniądze

Denar

Dolar

Dolar

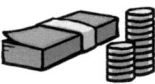

Euro

Evro

Jen

Jen

Rubel

Rubelj

Frank

Švičarski frank

Juan Renminbi

Kitajski juan renminbi

Rupia

Rupija

Bankomat

Bankomat

Kantor wymiany walut

Menjalnica

Złoto

Zlato

Srebro

Srebro

Olej

Nafta

Energia

Energija

Cena

Cena

Umowa

Pogodba

Podatek

Davek

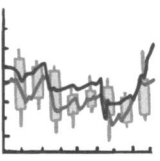

Akcja

Delnice

pracować

Delati

Pracownik umysłowy

Delojemalec

Pracodawca

Delodajalec

Fabryka

Tovarna

Sklep

Trgovina

Zawody
Poklici

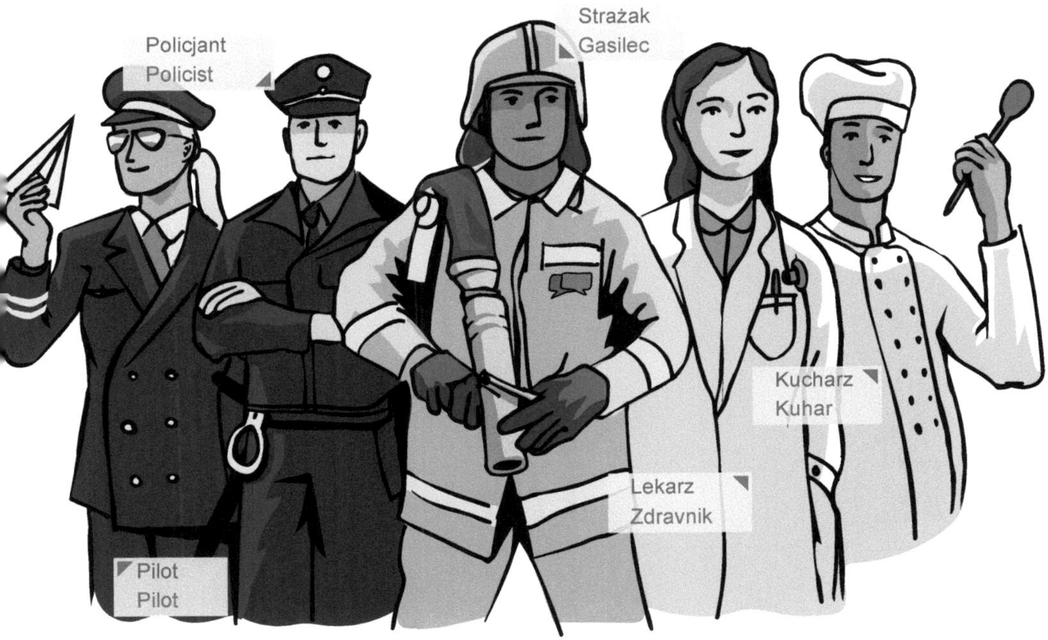

Policjant
Policist
Strażak
Gasilec
Kucharz
Kuhar
Lekarz
Zdravnik
Pilot
Pilot

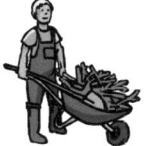

Ogrodnik

Vrtnar

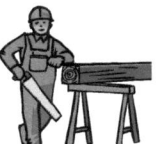

Stolarz

Mizar

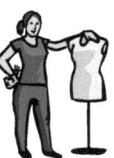

Krawcowa

Šivilja

Sędzia

Sodnik

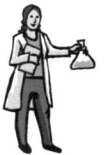

Chemik

Kemik

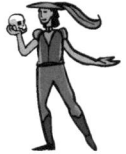

Aktor

Igralec

Kierowca autobusu

Voznik avtobusa

Taksówkarz

Taksist

Fischer

Ribič

Sprzątaczka

Čistilka

Dekarz

Krovec

Kelner

Natakar

Myśliwy

Lovec

Malarz

Pleskar

Piekarz

Pek

Elektryk

Električar

Robotnik budowlany

Gradbenik

Inżynier

Inženir

Rzeźnik

Mesar

Instalator

Vodovodni inštalater

Listonosz

Poštar

Żołnierz

Vojak

Architekt

Arhitekt

Kasjer

Blagajnik

Florysta

Cvetličar

Fryzjer

Frizer

Konduktor

Sprevodnik

Mechanik

Mehanik

Kapitan

Kapitan

Dentysta

Zobozdravnik

Naukowiec

Znanstvenik

Rabin

Rabin

Imam

Imam

Mnich

Menih

Proboszcz

Duhovnik

Narzędzia

Orodje

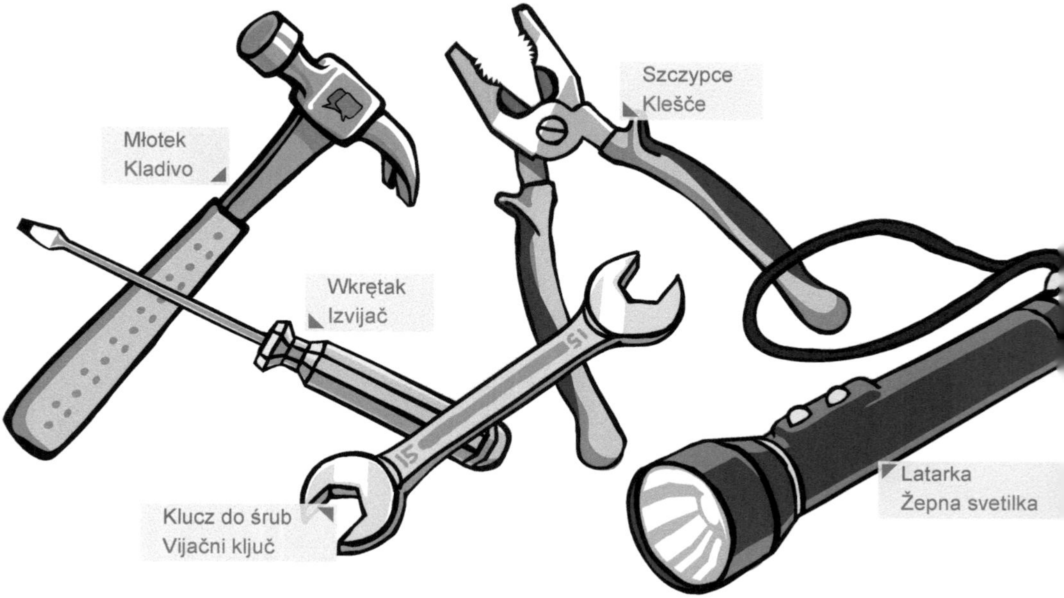
Młotek
Kladivo
Szczypce
Klešče
Wkrętak
Izvijač
Klucz do śrub
Vijačni ključ
Latarka
Žepna svetilka

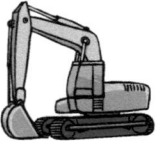

Koparka

Bager

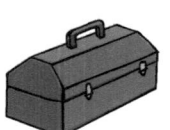

Skrzynka narzędziowa

Zaboj z orodjem

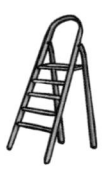

Drabina

Lestev

Piła

Žaga

Gwoździe

Žeblji

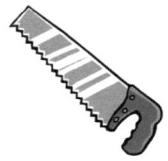

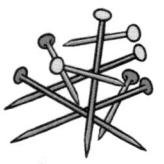

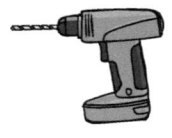

Wiertło

Vrtalnik

naprawić

Popraviti

Łopatka

Lopata

Cholera!

Šment!

Szufelka

Smetišnica

Puszka z farbą

Posoda z barvo

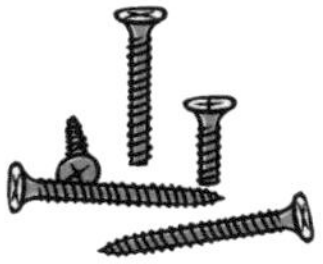

Śruby

Vijaki

Instrumenty muzyczne
Glasbeni instrument

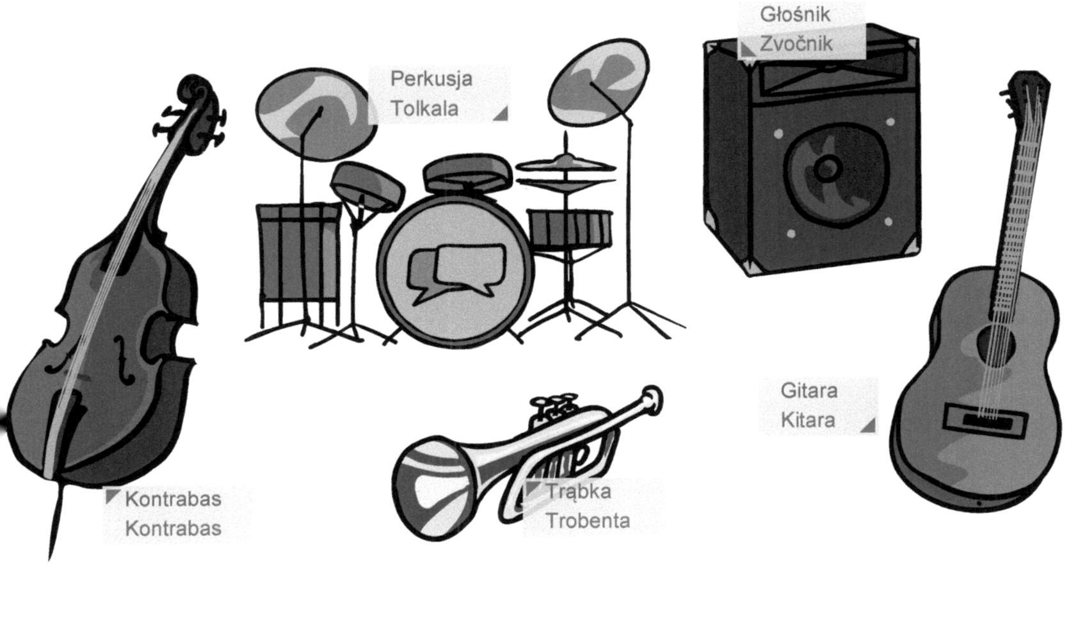

Perkusja
Tolkala

Głośnik
Zvočnik

Kontrabas
Kontrabas

Trąbka
Trobenta

Gitara
Kitara

Pianino

Klavir

Skrzypce

Violina

Bas

Bas kitara

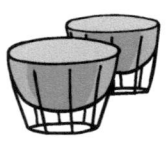

Kotły

Pavke

Bęben

Bobni

Keyboard

Sintetizator

Saksofon

Saksofon

Flet

Flavta

Mikrofon

Mikrofon

Zoo
Živalski vrt

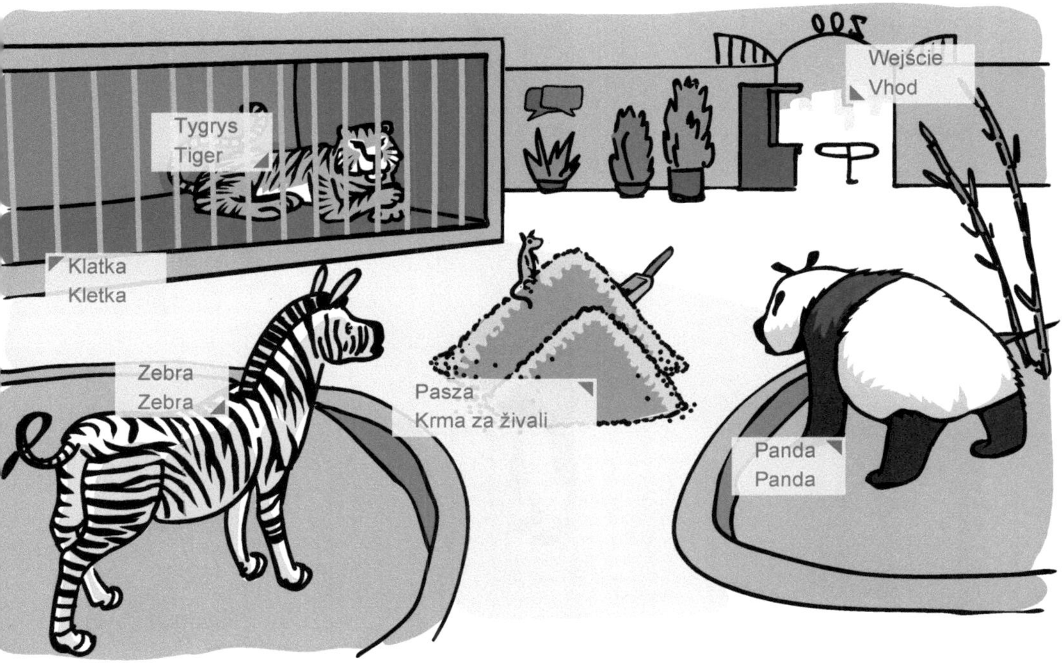
Tygrys
Tiger
Klatka
Kletka
Wejście
Vhod
Zebra
Zebra
Pasza
Krma za živali
Panda
Panda

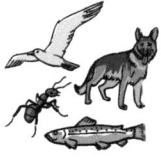

Zwierzęta

Živali

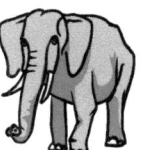

Słoń

Slon

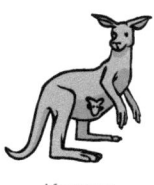

Kangur

Kenguru

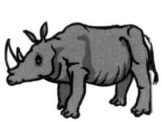

Nosorożec

Nosorog

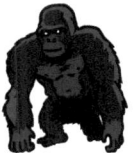

Goryl

Gorila

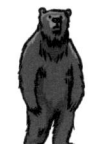

Niedźwiedź

Medved

Wielbłąd

Kamela

Struś

Noj

Lew

Lev

Małpa

Opica

Fleming

Plamenec

Papuga

Papagaj

Niedźwiedź polarny

Severni medved

Pingwin

Pingvin

Rekin

Morski pes

Paw

Pav

Wąż

Kača

Krokodyl

Krokodil

Dozorca w zoo

Oskrbnik v živalskem vrtu

Foka

Tjulenj

Jaguar

Jaguar

Kucyk

Poni

Gepard

Leopard

Hipopotam

Povodni konj

Żyrafa

Žirafa

Orzeł

Orel

Dzik

Divji prašič

Ryba

Riba

Żółw

Želva

Mors

Mrož

Lis

Lisica

Gazela

Gazela

Futbol amerykański
Ameriški nogomet

Kolarstwo
Kolesarjenje

Tenis
Tenis

Koszykówka
Košarka

Pływanie
Plavanje

Boks
Boks

Hokej na lodzie
Hokej

Piłka nożna
Nogomet

Badminton
Badminton

Lekka atletyka
Atletika

Piłka ręczna
Rokomet

Narciarstwo
Smučanje

Polo
Polo

Działania
Dejavnosti

śmiać się
Smejati se
skakać
Skočiti
objąć
Objeti
iść
Hoditi
śpiewać
Peti
marzyć
Sanjati
modlić się
Moliti
całować
Poljubiti

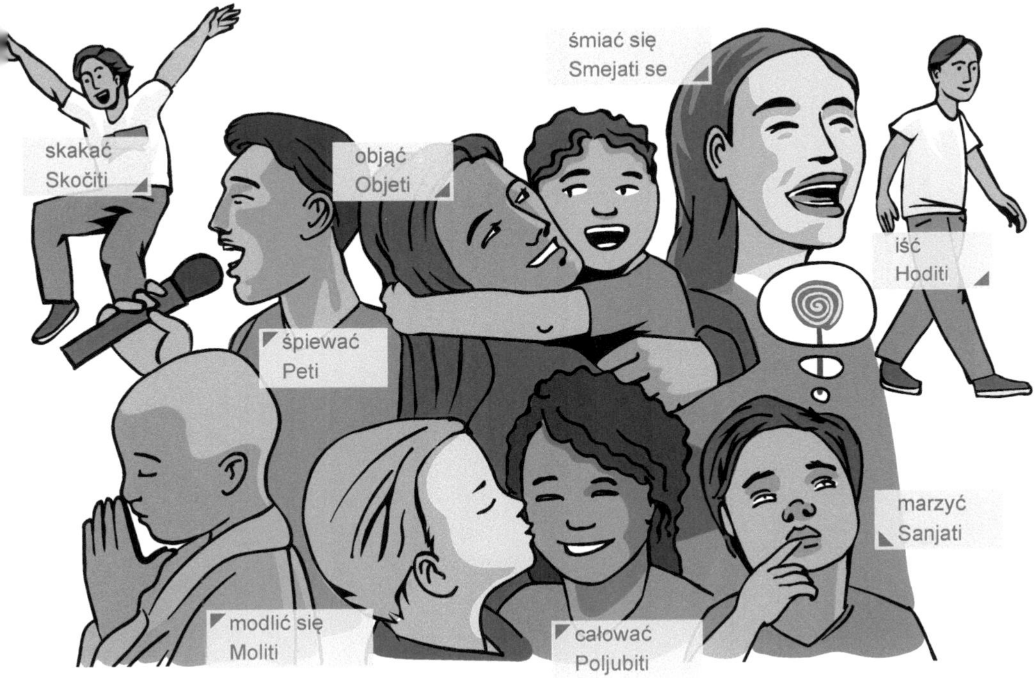

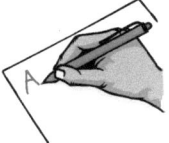

pisać

Pisati

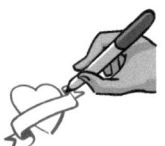

rysować

Risati

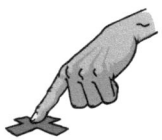

pokazywać

Pokazati

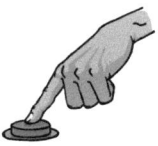

nacisnąć

Potisniti

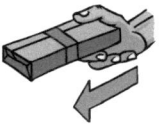

dać

Dati

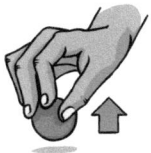

wziąć

Vzeti

mieć
Imeti

robić
Narediti

być
Biti

stać
Stati

biegać
Teči

ciągnąć
Vleči

rzucać
Vreči

spaść
Pasti

leżeć
Ležati

czekać
Čakati

nosić
Nositi

siedzieć
Sedeti

zakładać
Obleči se

spać
Spati

budzić się
Zbuditi se

spojrzeć

Gledati

płakać

Jokati

głaskać

Božati

czesać się

Česati se

mówić

Govoriti

rozumieć

Razumeti

pytać

Vprašati

słyszeć

Poslušati

pić

Piti

jeść

Jesti

sprzątać

Pospraviti

kochać

Ljubiti

gotować

Kuhati

jechać

Voziti

latać

Leteti

żeglować

Jadrati

liczyć

Računanje

czytać

Brati

uczyć się

Učiti se

pracować

Delati

wejść w związek małżeński

Poročiti se

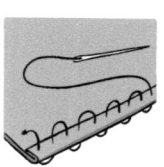

szyć

Šivati

myć zęby

Ščetkati si zobe

zabić

Ubiti

palić tytoń

Kaditi

wysłać

Poslati

Rodzina
Družina

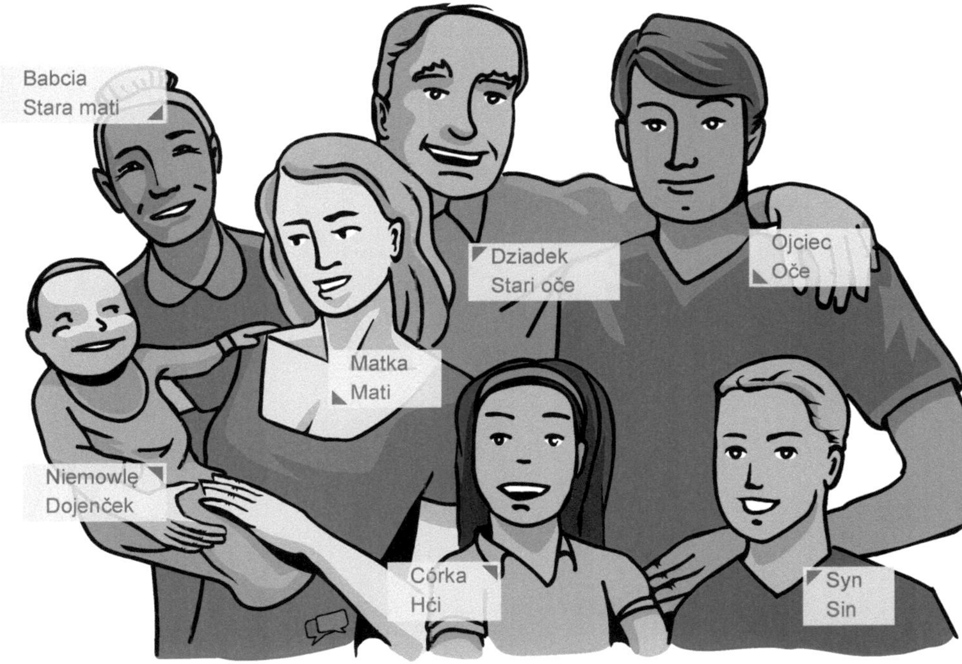

Babcia
Stara mati
Dziadek
Stari oče
Ojciec
Oče
Matka
Mati
Niemowlę
Dojenček
Córka
Hći
Syn
Sin

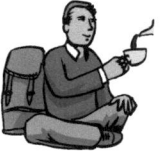

Gość

Gost

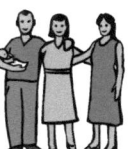

Ciotka

Teta

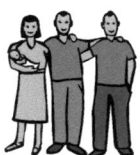

Wujek

Stric

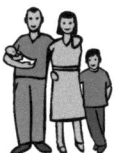

Brat

Brat

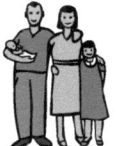

Siostra

Sestra

Ciało

Telo

Czoło
Čelo
Oko
Oko
Ramię
Rama
Palec
Prst
Twarz
Obraz
Broda
Brada
Ręka
Dlan
Noga
Noga
Pierś
Prsi
Ramię
Roka

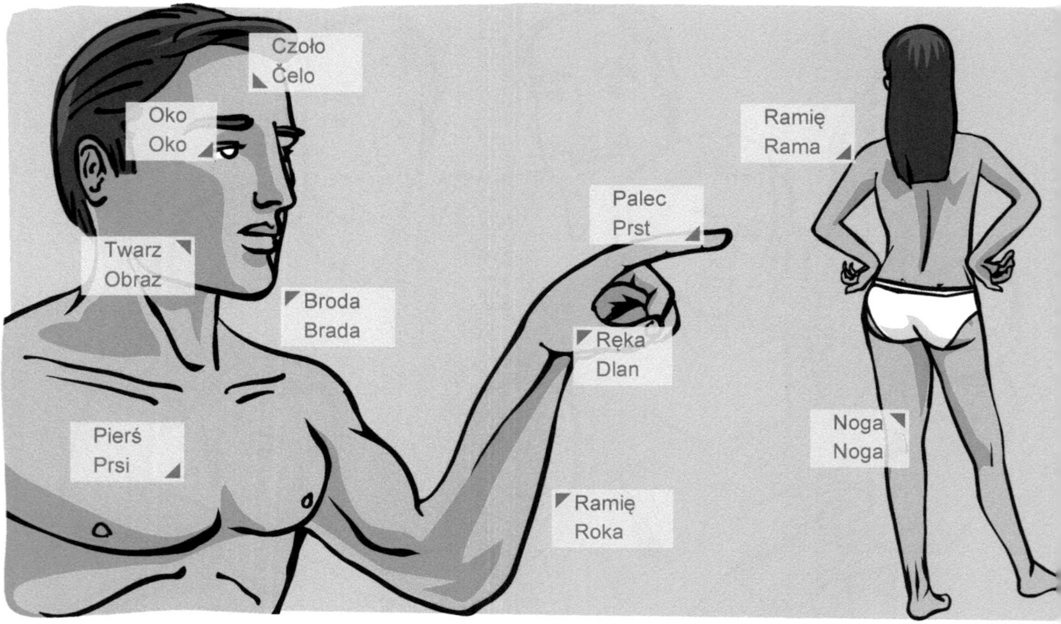

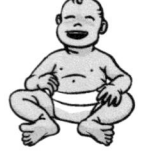

Niemowlę

Dojenček

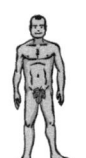

Mężczyzna

Človek

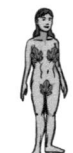

Kobieta

Ženska

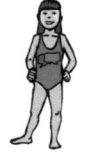

Dziewczyna

Dekle

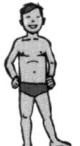

Chłopiec

Fant

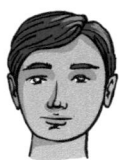

Głowa

Glava

Plecy

Hrbet

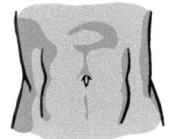

Brzuch

Trebuh

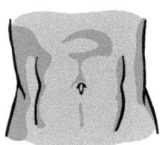

Pępek

Popek

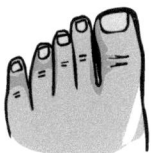

palec nogi

Prst na nogi

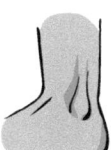

Pięta

Peta

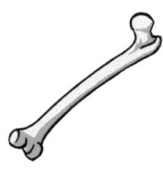

Kość

Kost

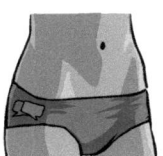

Biodro

Kolk

Kolano

Koleno

Łokieć

Komolec

Nos

Nos

Pośladki

Zadnjica

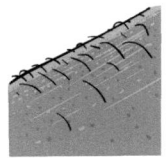

Skóra

Koža

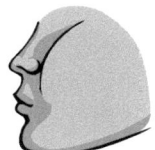

Policzek

Lice

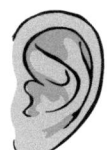

Uszy

Uho

Warga

Ustnica

Ciało - Telo

Usta
Usta

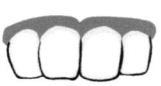

Ząb
Zob

Język
Jezik

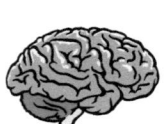

Mózg
Możgani

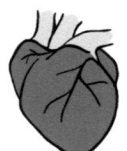

Serce
Srce

Mięsień
Mišica

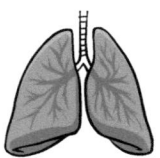

Płuca
Pljuča

Wątroba
Jetra

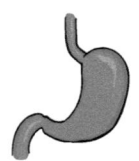

Żołądek
Želodec

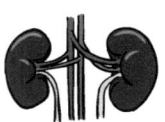

Nerki
Ledvice

Stosunek płciowy
Spolni odnos

Kondom
Kondom

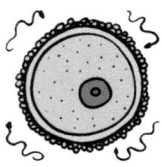

Komórka jajowa
Jajčece

Sperma
Semenska tekočina

Ciąża
Nosečnost

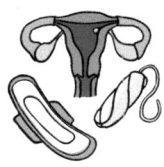

Menstruacja

Menstruacija

Wagina

Vagina

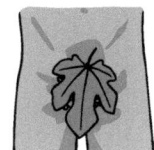

Penis

Penis

Brew

Obrv

Włosy

Lasje

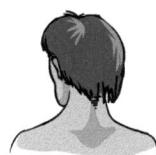

Szyja

Vrat

Szpital
Bolnišnica

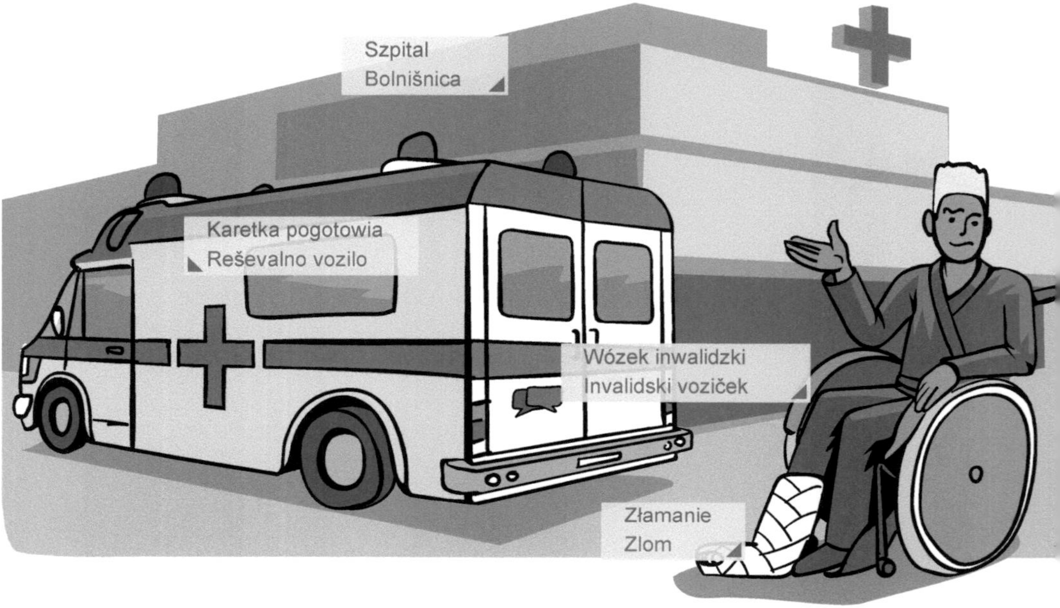

Szpital
Bolnišnica
Karetka pogotowia
Reševalno vozilo
Wózek inwalidzki
Invalidski voziček
Złamanie
Zlom

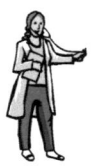

Lekarz

Zdravnik

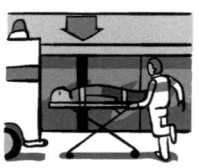

Izba przyjęć

Urgenca

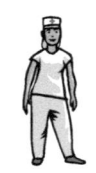

Pielęgniarka

Medicinska sestra

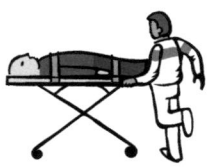

Nagły przypadek

Nujni primer

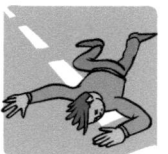

nieprzytomny

Nezavesten

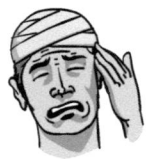

Ból

Bolečina

Skaleczen e

Poškodba

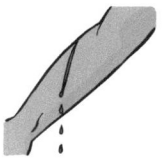

Krwawienie

Krvavenje

Zawał serca

Srčni infarkt

Udar mózgu

Kap

Alergia

Alergija

Kaszleć

Kašelj

Gorączka

Vročina

Grypa

Gripa

Biegunka

Driska

Ból głowy

Glavobol

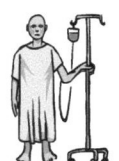

Rak

Rak

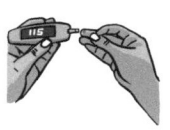

Cukrzyca

Sladkorna bolezen

Chirurg

Kirurg

Skalpel

Skalpel

Operacja

Operacija

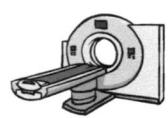

CT
CT

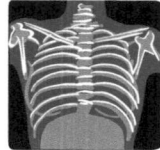

Rentgen
Rentgen

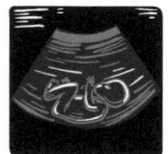

Ultradźwięki
Ultrazvok

Maska
Obrazna maska

Choroba
Bolezen

Poczekalnia
Čakalnica

Kula
Bergla

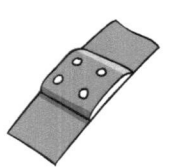

Plaster
Obliž

Opatrunek
Preveza

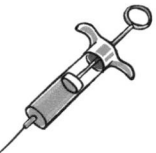

Iniekcja
Injekcija

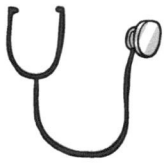

Stetoskop
Stetoskop

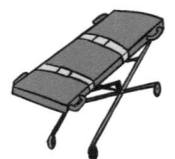

Nosze
Nosila

Termometr
Kliniczni termometer

Poród
Porod

Nadwaga
Prekomerna teža

Szpital - Bolnišnica

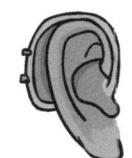

Aparat słuchowy

Slušni pripomoček

Środek dezynfekcyjny

Razkužilo

Infekcja

Okužba

Wirus

Virus

HIV / AIDS

HIV / AIDS

Medycyna

Medicina

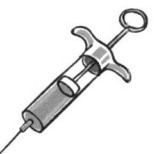

Szczepienie

Cepljenje

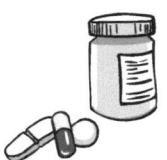

Tabletki

Tablete

Pigułka

Tableta

Telefon ratunkowy

Klic v sili

Ciśnieniomierz krwi

Merilnik krvnega tlaka

chory / zdrowy

bolano / zdravo

Pomocy!

Na pomoč!

Alarm

Alarm

Napad

Napad

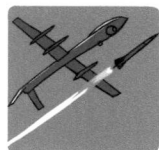

Atak

Napad

Niebezpieczeństwo

Nevarnost

Wyjście awaryjne

Izhod v sili

Pożar!

Gori!

Gaśnica

Gasilni aparat

Wypadek

Nezgoda

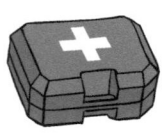

Walizeczka pierwszej pomocy

Komplet za prvo pomoč

SOS

SOS

Policja

Policija

Europa

Evropa

Ameryka Północna

Severna Amerika

Ameryka Południowa

Južna Amerika

Afryka

Afrika

Azja

Azija

Australia

Avstralija

Atlantyk

Atlantski ocean

Pacyfik

Tihi ocean

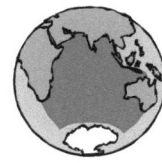

Ocean Indyjski

Indijski ocean

Ocean Antarktyczny

Južni ocean

Ocean Arktyczny

Arktični ocean

Biegun północny

Severni tečaj

Biegun południowy

Južni tečaj

Antarktyda

Antarktika

Ziemia

Zemlja

Kraj

Kopno

Morze

Morje

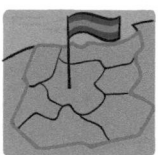

Wyspa

Otok

Naród

Narod

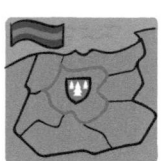

Państwo

Država

Cyferblat

Števílčnica

Wskazówka godzinowa

Urni kazalec

Wskazówka minutowa

Minutni kazalec

Wskazówka sekundowa

Sekundni kazalec

Która godzina?

Koliko je ura?

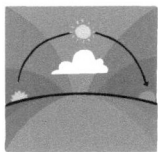

Dzień

Dan

Czas

Čas

teraz

Zdaj

Zegarek digitalny

Digitalna ura

Minuta

Minuta

Godzina

Ura

Teden

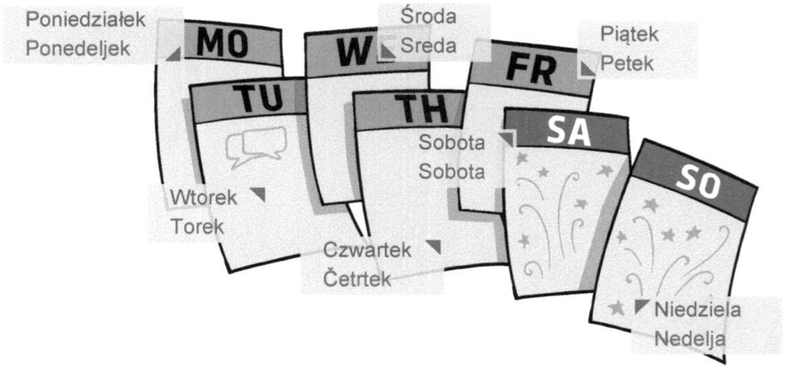
MO
TU
W
TH
FR
SA
SO
Poniedziałek
Ponedeljek
Wtorek
Torek
Środa
Sreda
Czwartek
Četrtek
Piątek
Petek
Sobota
Sobota
Niedziela
Nedelja

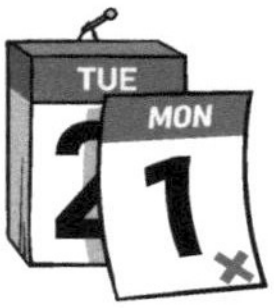
TUE
MON
1

wczoraj

Včeraj

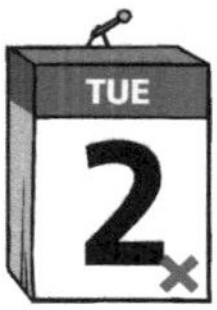
TUE
2

dzisiaj

Danes

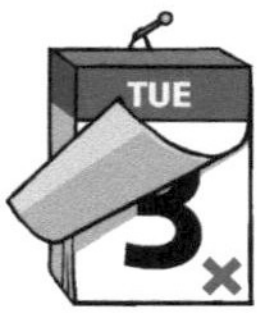
TUE
3

jutro

Jutri

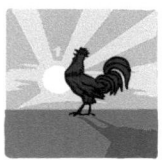

Rano

Jutro

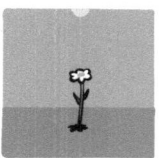

Południe

Poldne

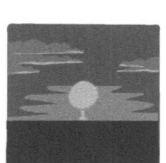

Wieczór

Večer

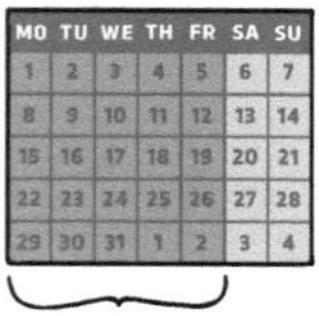
MO TU WE TH FR SA SU
1 2 3 4 5 6 7
8 9 10 11 12 13 14
15 16 17 18 19 20 21
22 23 24 25 26 27 28
29 30 31 1 2 3 4

Dni robocze

Delovni dnevi

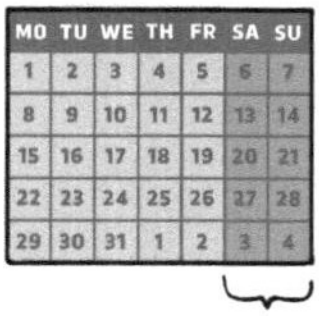
MO TU WE TH FR SA SU
1 2 3 4 5 6 7
8 9 10 11 12 13 14
15 16 17 18 19 20 21
22 23 24 25 26 27 28
29 30 31 1 2 3 4

Weekend

Konec tedna

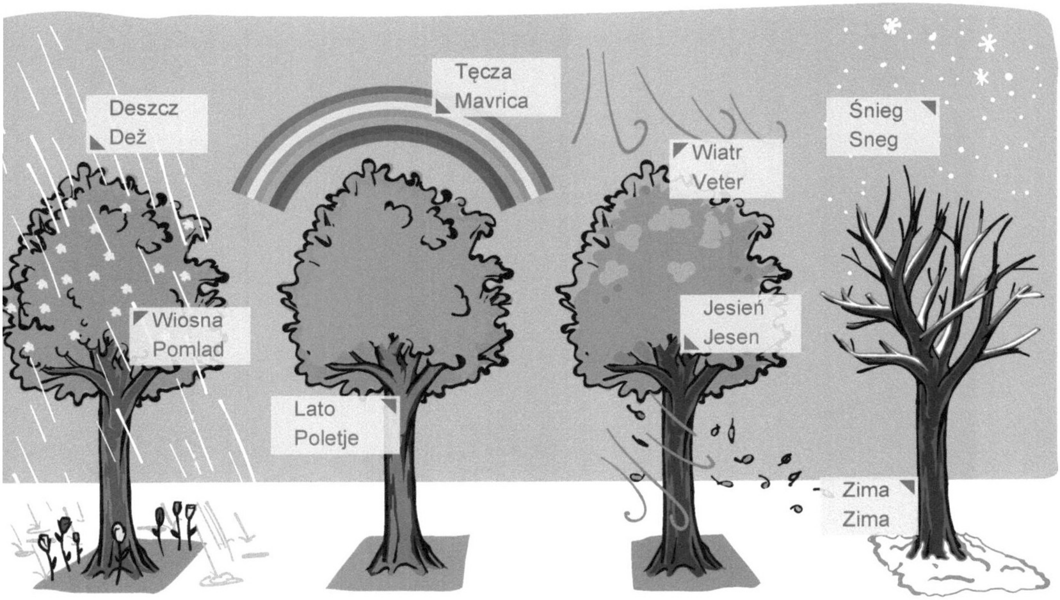

Deszcz
Dež
Tęcza
Mavrica
Wiatr
Veter
Śnieg
Sneg
Wiosna
Pomlad
Lato
Poletje
Jesień
Jesen
Zima
Zima

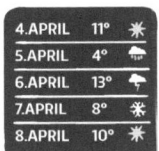

4.APRIL 11°
5.APRIL 4°
6.APRIL 13°
7.APRIL 8°
8.APRIL 10°

Prognoza pogody

Vremenska napoved

F C
120 40
90 30
60 20
30 10
0 0
-30 -10
-20

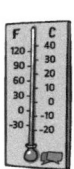

Termometr

Termometer

Światło słoneczne

Sončna svetloba

Chmura

Oblak

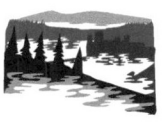

Mgła

Megla

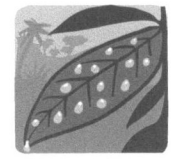

Wilgotność powietrza

Vlažnost

Błyskawica

Strela

Grzmot

Grom

Sztorm

Nevihta

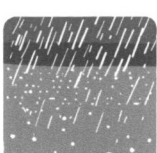

Grad

Toča

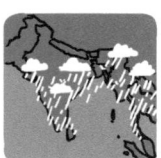

Monsun

Monsun

Potop

Poplava

Lód

Led

Styczeń

Januar

Luty

Februar

Marzec

Marec

Kwiecień

April

Maj

Maj

Czerwiec

Junij

Lipiec

Julij

Sierpień

Avgust

Wrzesień
....
September

Październik
....
Oktober

Listopad
....
November

Grudzień
....
December

Oblike

Koło
....
Krogla

Kwadrat
....
Kvadrat

Prostokąt
....
Pravokotnik

Trójkąt
....
Trikotnik

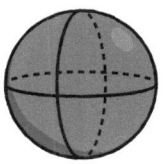

Kula
....
Krogla

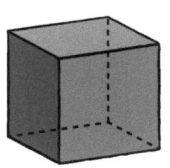

Sześcian
....
Kocka

biały
....
Bela

żółty
....
Rumena

pomarańczowy
....
Oranžna

różowy
....
Rožnata

czerwony
....
Rdeča

liliowy
....
Vijolična

niebieski
....
Modra

zielony
....
Zelena

brązowy
....
Rjava

szary
....
Siva

czarny
....
Črna

dużo / mało
....
veliko / malc

wściekły / spokojny
....
jezno / umirjeno

piękny / brzydki
....
lepo / grdo

początek / koniec
....
začetek / konec

duży / mały
....
veliko / majhno

jasny / ciemny
....
svetlo / temno

brat / siostra
....
brat / sestra

czysty / brudny
....
čisto / umazano

kompletny / niekompletny
....
popolno / nepopolno

dzień / noc
....
dan / noč

umarły / żywy
....
mrtvo / živo

szeroki / wąski
....
široko / ozko

jadalny / niejadalny

užitno / neužitno

zły / uprzejmy

zlobno / prijazno

podniecony / znudzony

vznemirjeno / zdolgočaseno

gruby / chudy

debelo / vitko

najpierw / na końcu

prvo / zadnje

przyjaciel / wróg

prijatelj / sovražnik

pełen / pusty

polno / prazno

twardy / miękki

trdo / mehko

ciężki / lekki

težko / lahko

głód / pragnienie

lakota / žeja

chory / zdrowy

bolano / zdravo

nielegalny / legalny

nezakonito / zakonito

inteligentny / głupi

pametno / neumno

lewo / prawo

levo / desno

bliski / daleki

blizu / daleč

nowy / używany

novo / rabljeno

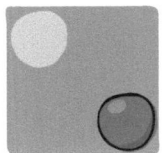

nic / coś

nič / nekaj

stary / młody

staro / mlado

włącz / wyłącz

vklopljeno / izklopljeno

otwarty / zamknięty

odprto / zaprto

cichy / głośny

tiho / glasno

bogaty / biedny

bogato / revno

prawidłowy / błędny

prav / narobe

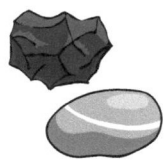

chropowaty / gładki

grobo / gladko

smutny / szczęśliwy

żalostno / veselo

krótki / długi

kratko / dolgo

powolny / szybki

počasi / hitro

mokry/suchy

mokro / suho

ciepły / chłodny

toplo / hladno

wojna / pokój

vojna / mir

Števila

0
zero
Ničla

1
jeden
Ena

2
dwa
Dva

3
trzy
Tri

4
cztery
Štiri

5
pięć
Pet

6
sześć
Šest

7
siedem
Sedem

8
osiem
Osem

9
dziewięć
Devet

10
dziesięć
Deset

11
jedenaście
Enajst

12

dwanaście
Dvanajst

13

trzynaście
Trinajst

14

czternaście
Štirinajst

15

piętnaście
Petnajst

16

szesnaście
Šestnajst

17

siedemnaście
Sedemnajst

18

osiemnaście
Osemnajst

19

dziewiętnaście
Devetnajst

20

dwadzieścia
Dvajset

100

sto
Sto

1.000

tysiąc
Tisoč

1.000.000

milion
Milijon

Angielski

Angleščina

Angielski amerykański

Ameriška angleščina

Chiński mandaryński

Mandarinščina

Hindi

Hindujščina

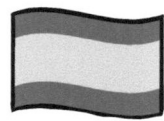

Hiszpański

Španščina

Francuski

Francoščina

Arabski

Arabščina

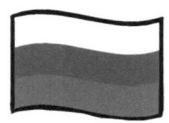

Rosyjski

Ruščina

Portugalski

Portugalščina

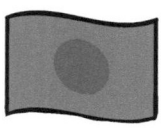

Bengalski

Bengalščina

Niemiecki

Nemščina

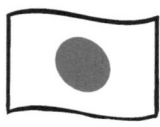

Japoński

Japonščina

ja

Jaz

ty

Ti

on / ona / ono

On / ona / tisto

my

Mi

wy

Vi

oni

Oni

kto?

Kdo?

co?

Kaj?

jak?

Kako?

gdzie?

Kje?

kiedy?

Kdaj?

Nazwisko

Ime

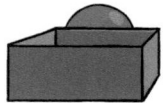

za
....
Zadaj

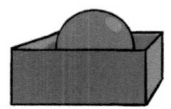

w
....
V

przed
....
Pred

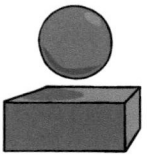

powyżej
....
Nad

na
....
Na

pod
....
Pod

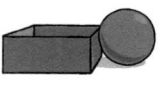

obok
....
Poleg

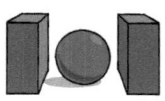

między
....
Med

Miejsce
....
Kraj